GESCHICHTE IM GEDICHT

DAS POLITISCHE GEDICHT
DER
AUSTRO-AMERIKANISCHEN EXILAUTOREN
DES SCHICKSALSJAHRES

1938

Eine Auswahl, zusammengestellt und
mit verbindendem Text versehen

von

MIMI GROSSBERG

3. Auflage 1993

AUSTRIAN CULTURAL INSTITUTE
11 East 52nd Street
New York, NY 10022

ARIADNE PRESS

Cover Design
Art Director, Designer:
George McGinnis

ISBN 0-929497-85-6

VORWORT

Kurz nach Ende des Zweiten Weltkrieges wurde in Wien eine große Ausstellung gezeigt, die den Titel "Niemals vergessen!" trug. In Photos, Statistiken und Tabellen vermittelte sie dem Besucher die Ungeheuerlichkeit des nazistischen Konzentrations- und Vernichtungslager. Besser gesagt: sie versuchte sie zu vermitteln, denn wer konnte wirklich die Vorstellungskraft aufbringen für das, was tatsächlich vorgegangen war, begreifen, daß es überhaupt möglich sein konnte?

Das dichterische Wort verstummte jedoch nicht einmal im Angesicht des Grauens, der physischen Vernichtung. Mit Ergriffenheit lesen wir das "Dachau-Lied" von Jura Soyfer, das auch noch im Lager vertont wurde, bevor es den Weg in die freie Welt fand. Und dieses Beispiel steht für manch andere da.

So haben auch viele von jenen, die dem Würgegriff der braunen Machthaber entgehen konnten und in der Emigration einen oft recht schweren Kampf ums Überleben beginnen mußten, in Dichtung ihre Gefühle ausgedrückt: Gefühle der Bitterkeit und der Entwurzelung, gefolgt von solchen des Einlebens in die neue und später dann wohl auch der Wiederversöhnung mit der alten Heimat. Ob in klassischem Versmaß oder prosaähnlicher Poesie ausgedrückt – Ehrlichkeit des Empfindens ist allen Aussagen gemein.

Das vorliegende Bändchen enthält Gedichte von Österreichern, die zumindest einen Teil ihrer Emigration in den USA verbracht haben. Diese Gedichte sind zumeist bereits anderswo veröffentlicht worden. Ihre Reihung unter dem Titel, der diesem Band voransteht, erfolgt jedoch zum ersten Mal. Frau Mimi Grossberg, selbst eine prominente Autorin dieser Gruppe, hat die Zusammenstellung mit großer Sorgfalt vorgenommen. Ihr sei herzlicher Dank dafür gesagt. Ein Stimmungsbild wiederzugeben war das Hauptziel, vor dem eine Auslese nach streng künstlerischen Kriterien da und dort zurücktreten mußte. Für das Austrian Institue in New York ist die Herausgabe dieser Sammlung nicht allein eine Pflichterfüllung an die Adresse der Autoren und ihrer Leidensgefährten; die Hoffnung ist daran geknüpft, daß ein breiterer Leserkreis an das erinnert werden wird, was, wie zu Anfang gesagt, niemals vergessen werden darf.

Dr. Fritz Cocron, Direktor
Austrian Cultural Institute, New York, 1982

VORWORT

zur 2. Auflage

Ich erinnere mich, mit welcher Ergriffenheit ich dieses Buch nach seinem Erscheinen in Händen hielt. Es erfüllt mich mit großer Befriedigung, dieses erschütternde Zeitdokument in einer zweiten Auflage vorzustellen. Möge sein zeitloser Ruf nach mehr Menschlichkeit nun noch lauter erschallen.

Dr. Peter Marboe, Direktor
Austrian Cultural Institute, New York, 1985

VORWORT

zur 3. Auflage

Die mehr als zehn Jahre nach dem Erscheinen der Erstauflage immer noch lebhafte Nachfrage nach dem vorliegenden Gedichtband ist einmal mehr ein Beweis dafür, daß die von Frau Mimi Grossberg mit sehr viel Einfühlungsvermögen getroffene Auswahl richtig war. Viele bewegende Zeugnisse von unverschuldetem Leid kommen in diesen Gedichten zum Ausdruck, doch wird auch gleichermaßen dem nicht unterzukriegenden Willen zum Überleben ein Denkmal gesetzt. Mit Hilfe dieses Bandes vor allem die jungen Menschen in Amerika und in Europa anzusprechen, ist ein Anliegen von höchster Bedeutsamkeit.

Dr. Wolfgang Waldner, Direktor
Austrian Cultural Institute, New York, 1993

VERKÜNDIGUNG

Josef Luitpold   **DIE RIESIN**

Sie fingen ein die Freiheit,
Sie stachen,
Sie erschlugen sie,
Sie trugen sie zu Grabe,
Sie lachten.

Sie aber wuchs im Sarg.
Die Bretter brachen, krachten.
Sie hob sich,
Stand vor den Mördern
Grösser gross, riesenstark,
Unbesiegbar.

(Aus "Das Josef Luitpoldbuch"
Büchergilde Gutenberg, Wien, 1948)

Als Theodor W. Adorno sagte, nach Auschwitz könne man keine Gedichte mehr machen, entgegnete ihm Ernst Waldinger, dass

". . . es gerade deshalb notwendig ist,
Gedichte zu machen,
damit dem Unmenschlichsten in jedem von uns
das Menschlichste, die Sehnsucht
nach dem, was der Mensch sein sollte,
                    entgegengehalten wird."

(Zitat aus Ernst Waldingers Gedicht "Anlässlich des Auschwitz Prozesses". Entnommen seinem Gedichtband "Ich kann mit meinem Menschenbruder sprechen", Bergland Verlag, Wien, 1965, S. 147)

Im April 1934, lange bevor Hitler in Österreich einmarschierte, schrieb die damals in Baden b. Wien lebende Dichterin Margarete Kollisch-Moller folgenden Brief an Albert Einstein:

Sehr verehrter Herr Professor,

Wenn Sie mir die Ehre erweisen wollen, mein Gedicht zu lesen, und wenn es mir gelingen sollte, Sie für fünf Minuten zu erheitern, dann hat "Das himmlische Radio" seine irdische Sendung erfüllt.

In Verehrung
Ihre
Margarete Kollisch-Moller

Postwendend kam — handgeschrieben — Einsteins Antwort:

Sehr geehrte Frau Kollisch-Moller!

Wer selber schäbige Reim' fabriziert,
Im Schweisse des Angesichts Verse gebiert,
Der weiss mit seligem Ergötzen
Solch' witzige hübsche Zeilen zu schätzen.

Dass der Hergott schliesslich hat abgestellt,
Nachdem er erschaffen die schäbige Welt,
Mag unsereiner glauben gern,
So machen sie's alle, die grossen Herren.

Wir aber leider müssen's ertragen,
Wie auch der Krempel liegt uns im Magen.
Doch doppelt wird von uns gesegnet,
Was schlicht in Anmut uns begegnet.

Herzlich grüsst Sie
Ihr
A. Einstein
(Abdruck mit Erlaubnis Dr. Otto Nathans, N.Y.)

Margarete Kollisch   ## DAS HIMMLISCHE RADIO

Es hat ein unbekannter Spender
Gestiftet einen Himmelssender,
Geschaffen ward das mühsam Werk
Streng nach dem Muster Bisamberg.
Schon wirkt in seiner Funkstation
Der alte Hexer Edison.
Mit einem ganzen Arsenal
Von Helfershelfern ohne Zahl
Und allem, was dazugehört,
Hat er die Himmelsruh' gestört.
Ein Studio wird gleich errichtet,
Hörspiele werden flott gedichtet.
Die grossen Herren sind gern bereit,
Verkürzen sich die Ewigkeit.
Von Shakespeare bis zu Wedekind
Ein jeder eine Rede spinnt.
Sogar das graue Altertum
Begnügt sich nicht mit seinem Ruhm,
Verwandelt schnell den guten Rex
In einen Oedipus Komplex.
Schauspieler werden engagiert
Und wer auf Erden nur statiert,
Darf nun die grössten Rollen lesen,
Doch wer dereinst ein Star gewesen,
Der muss, so wollen es die Frommen,
Als Ansager zu Worte kommen.
Hallo, so tönt es Tag und Nacht,
Hier Radio Himmel, gebet acht!
Wir senden euch, Messieurs, Mesdames,
Das schönste Radioprogramm.
Zuerst, in aller Hergottsfrühe,
Gymnastik, frei nach Käthe Hye.
Die Fanny Elsler turnt uns vor:
"Und beugt-und-streckt hinab-empor
Das rechte Bein, das linke Bein,

"Herr Gentz, Sie ziagn den Bauch net ein!"
Es folgt sodann das Kurkonzert,
Das uns der Johann Strauss beschert.
Man promeniert auf grüner Au'
Und intoniert "Donau so blau".
Sie hören nun aus Mosis Munde
Die geistliche Erbauungsstunde.
Es folgt Jesus von Nazareth
Und dann als dritter Mohamed.
Sie reichen friedlich sich die Hände.
Die Seligkeit, sie nimmt kein Ende.
Nun spricht in mächtigen Akkorden
Ein Himmelsbürger aus dem Norden
Und zelebriert, des Gottes voll,
Die Orgelfuge in D-moll.
Da wird auch Papa Haydn wach.
"Ach, Gott erhalte unsern Bach!
Schau Mozart, lass mich nicht so warten
Und bring mir meine Rummy Karten.
Wo bleibt denn nur der Ludewig?
Der macht gewiss allein Musik.
Geh', hol' ihn her, dass wir con brio
Exekutieren ein kleines Trio."
So geht's den ganzen lieben Tag.
Ein jeder hört nur, was er mag,
Nachrichtendienst aus erster Quelle,
Die Hitze- oder Kältewelle,
Belehrung, Unterhaltung, Sport,
Das wechselt ab in einem fort.
Doch abends, alle freun sich schon,
Da gibt es eine Sensation.
"Hallo, ihr Himmelvolksgenossen!
Ihr werdet jetzo angeschlossen
Und hört, auf dass es lustig werde,
Die Übertragung von der Erde."

Man setzt sich hin und lauscht gespannt.

Gar mancher ist davongerannt,
Denn was von dorther man vernimmt,
Hat manchen Seligen verstimmt.
"Das sind ja lauter Katastrophen,"
Ruft ganz verstimmt Herr van Beethoven,
"Das europäische Konzert
Ist, meiner Seel', kan Groschen wert."
Auch Goethe schüttelt seine Locken:
"Dort geht's ja zu wie auf dem Brocken.
Es keift das Weib, es brummt der Mann,
Der Menschheit ganzer Jammer fasst mich an."
Und Schiller seufzt: "Anmut und Würde,
Sie trugen einst des Schicksals Bürde.
Wo bleibt der Rütlischwur, der Treueid?
Sire, geben Sie Gedankenfreiheit!"
Und Lessing klagt: "Ich wär' in Hüttel-
Dorf lieber als in Wolfenbüttel.
Mir bangt um meinen weisen Nathan.
Ich fürcht', es holt ihn bald der Satan."
"Dir fehlt nur die Konzentration,"
beschwichtigt ihn Freund Mendelssohn.
"Ich hab dich immer schon gewarnt,
Warum hast du ihn nicht getarnt?"
Auch Kant erscheint mit seiner Zunft.
"Das ist die reine Unvernunft,"
Bekrittelt er das irdsche Treiben.
Sagt Schopenhauer: "Lass' es bleiben!
Das ist doch nicht das Ding an sich,
Bloss Lug und Trug, was kümmert's mich!"
Und Nietzsche brüllt: "Ich dreh das Blatt.
Den Übermenschen hab ich satt.
Nun ist der Untermensch modern.
Ach, Zarathustra, hab' mich gern!"
Nur Newton nickt: "Ich bin zufrieden.
Es wandelt ein Genie hienieden.
Und bleibt kein Stein mehr auf dem andern,
Der Einstein wird noch höher wandern."

Verzweifelt hinter Himmelsmauern,
Die drei erhabnen Lehrer trauern.
Klagt Moses: "Ich bin ganz veraltet,
Man hat mich nicht mehr gleichgeschaltet.
Meine fünf Bücher stehn bereit,
Ich schwör den Offenbarungseid."
Und Jesus dekliniert: "Pax, pacis
Et gloria den lieben Nazis.
Man hat mich noch einmal gemordet
Und dann zum Troste aufgenordet."
Und Mohamed: "Auch ein Prophet
Verschweige viel und sei diskret.
Eins ist gewiss, meine Eunuchen
Werd' künftig ich wo anders suchen."

Doch Gott der Herr vernimmt ihr Stöhnen,
Hat Mitleid mit den Himmelssöhnen,
Und da man kaum sein Wort versteht,
Hat er das Radio abgedreht.
Erleichtert atmet alles auf.
Man lässt den Dingen ihren Lauf
Und lässt sich selbst nicht weiter stören.
Wünsch gute Nacht! Auf Wiederhören!

Mimi Grossberg

VERKÜNDIGUNG

Ich träumte, ich sei in der Hölle und sah alle Teufel versammelt.
Rings um mich herrschte Trauer - Mephistopheles war tot!
Da - plötzlich war alles verändert: Flammen durchblitzten die
Szene
und während ich fliehend zurückwich, vernahm ich den Klang
einer Stimme,
so furchtbar, dass Herz mir und Sinne den Dienst fast versagten
und stockten:
"Ihr Auswurf, was steht ihr und trauert? Ich bin der wirkliche
Böse,
nicht ein entarteter Teufel, wie es mein Vater gewesen.
Fort, an die Arbeit, Gesindel - nimmermehr sollet ihr ruhen!
Für das nächste Jahrtausend seid ihr versetzt auf die Erde,
seid ihr verurteilt, in Deutschland zu dienen in menschlichen
Körpern
und auch in anderen Ländern. Der ganze Planet muss sich beugen.
Wehe euch, wenn ihr versaget! Ihr müsst es politisch beginnen —
des Teufels Partei sollt ihr gründen, und Juden und Demokraten
und das Katholikengesindel, die quälet mir langsam zu Tode.
Ich, euer Herr, will euch folgen und an dem Spass mich ergötzen.
Auserkoren schon hab ich das Wesen, mit dem ich verschmelze —
ja, einen kleinen Gefreiten mach ich zur Geissel der Menschheit,
Hass, Mord, Verbrechen und Zwiespalt regieren ab heute die
Welt."

Dies war die Botschaft der Stimme - ihr folgte gespenstisch ein
Omen:

Ein ungeheueres Scheusal mit schwärzlichen Armen und Beinen
schlug Räder hin über die Köpfe der lautlos schlotternden Teufel
quer durch die flammende Hölle -
ein tanzendes hakiges Kreuz . . .

(Gekürzt aus Mimi Grossberg "Versäume, verträume . . ."
Europäischer Verlag, Wien, 1957, S. 74)

9

DER 11. MÄRZ 1938

Seit dem 11. März 1938 gab es in Österreich nur noch zwei offizielle Parteien: Die mit und die ohne Hakenkreuz. Nun begann, wie schon 1933 in Deutschland, der Leidensweg der Künstler und der Intellektuellen, deren Mehrzahl zur hakenkreuzlosen Partei gehörte - oder sich ihr freiwillig zugesellte. Denn seit Hitlers Armee, weder von Mussolini noch vom übrigen Ausland behindert, "friedlich" - vorsichtigerweise unter Fliegerschutz - und "ohne Bruderblut zu vergiessen", in Österreich einmarschiert und der Führer am Heldenplatz in Wien von Zehntausenden jubelnd begrüsst worden war, befand sich nicht nur die gesamte jüdische Bevölkerung des Landes, sondern auch jeder Nichtjude, der sich aus ethischen, sozialen, politischen, wirtschaftlichen oder künstlerischen Gründen je hervorgetan hatte, in Lebensgefahr, falls er sich nicht offiziell der Partei anschloss. So kam es, dass auch die Mehrzahl der Dichter das Weite suchte, Angehörige aller Religionen. Man denke nur an Blei, Csokor, Musil, Urzidil, um einige der bekanntesten zu nennen. Friedell, kein "Arier" zwar, aber zweimal getauft, sprang lieber aus dem Fenster. Viele wollten die Heimat nicht verlassen - zu ihnen gehörte Sigmund Freud, den man geradezu "bearbeiten" musste, um ihn zur Auswanderung nach England zu bewegen, wo er schon 1939 starb. Die "Arierin" Irene Harand, Autorin des bekannten Anti-Hitler-Buches SEIN KAMPF und tapfere Herausberin der österreichischen Zeitschrift DIE GERECHTIGKEIT, in der sie bis zum Schluss mit allen Mitteln der Logik und Statistik dem Wahnsinn des Nationalsozialismus beizukommen suchte, hatte sich wiederholt in Lebensgefahr befunden. Im Februar 1938 ging sie nach Paris und London, um gegen die an der Grenze Österreichs stehenden Heere Hitlers und seine immer unverschämter werdenden Forderungen Beistand zu erflehen. Ohne Erfolg. Sie konnte auch nicht mehr zurückkehren. SEIN KAMPF wurde von der Anti-Defamation League ins Englische übertragen und unter dem Titel HIS STRUGGLE, an answer to Hitler's MEIN KAMPF an alle öffentlichen Bibliotheken Amerikas verteilt. Irene Harand starb 1975 in New York.

(Aus Mimi Grossberg "Österreichs literarische Emigration in den Vereinigten Staaten, 1938", Europa Verlag, Wien, 1970)

Maria Berl-Lee   **DER ELFTE TAG IM MÄRZ**
   (Jahrestag, an dem meine Heimat unterworfen wurde)

Komm nicht näher,
du elfter Tag im März;
schleich vorbei
wie eine verhungerte Katze,
ein Schatten, der vorüberhuscht
an meiner blinden Seite.

Trüber Tag,
der dahindämmert,
nicht einmal des Märzes Iden.
Der Winter stösst dich fort,
der Frühling überspringt dich.
Warst es wirklich du,
der mit Messerhauern
meine Jugend verstümmelt hat?

Bleib weg.
Keiner wird um dich weinen;
lass den Märzwind
dich um üble Ecken jagen,
wo der Hass mit nackter Scheide lauert.

Fahr hin,
du Tag
wo das Kinderlied mir in der Kehle
erstochen wurde
und meine Jugend
in der Gosse verblutete.
Pack dich
in alle Winde —

GEH!

(Aus ihrem Gedichtband "Lieder einer Doppelzunge",
                Bläschke Verlag, Kärnten, 1982)

Franz Werfel   DER GUTE ORT ZU WIEN

Zeitungsnachricht Juni 1938: In Wien ist den
Juden der Besuch aller öffentlichen Anlagen und
Gärten untersagt worden. Ihnen bleibt demnach
nur die israelitische Abteilung des Zentralfriedhofs
zur Erholung.

Volksgarten, Stadt- und Rathauspark,
Ihr Frühling war noch nie so stark.
Den Juden Wiens ist er verboten.
Ihr einziges Grün wächst bei den Toten.

Zur Stunde, da die Stadt erblasst
Vor sonntäglicher Mittagslast,
Drückt es sich scheu in Strassenbahnen
Hinaus zu halbvergessnen Ahnen.

Der Totenstadt von Simmering
Sind Christ und Jud das gleiche Ding,
Verschieden nur durch Zins und Kosten.
Die Juden wohnen gegen Osten.

Das hohe Tor steht offen halb,
Der Tag ist grell, der Jud ist falb.
Das kommt, so seltsam abgetragen,
Mit Weib und Kind und Kinderwagen.

In Väterzeiten lang verdorrt,
Da hiess der Friedhof: "Guter Ort".
Nun ist, als Schutz vor feigen Horden,
Zum guten Ort er wieder worden.

Auf seinen Wegen und Alleen
Herrscht grosses Kommen, grosses Gehn,
Als würden alle, hier begraben,
In diesen Tagen Jahrzeit haben.

12

Man liest die Namen neu und alt,
Umdrängt der Steine Rundgestalt,
Und zu den streng erstaunten Steinen
Dringt Sorgenschwatz und Kinderweinen.

Senk deine Stimme, Israel,
Es ruft ein höherer Befehl.
Dieweil du wähnst, dich zu erholen,
Bist eigens du hierher befohlen.

Dies Erdenstück, das hier dich trägt,
Geschlechterlang von dir geprägt,
Nur solches Feld, dir zugesprochen,
Hast du bebaut und umgebrochen.

All, was hier schläft, hat treu geglaubt,
Es kommt kein Tag mehr, welcher raubt,
Und hat für Enkel erbgesessen
Sich sündig eines Heims vermessen.

Jetzt aber steigt aus Heck und Strauch
Ein zitternd unsichtbarer Rauch,
Und zwischen Lebenden und Schemen
Schwebt flüsterstummes Abschiednehmen.

Nimm an, nimm auf der Toten Kraft
Als Speisung deiner Wanderschaft,
Damit zu schwer der Weg nicht werde!
Noch gibt es ungeprägte Erde.

Vergisst du immer den Befehl,
Der dich umlastet, Israel!?
Du musst den Ländern, die dich hassen,
Als Stapfen deine Gräber lassen.

Solang noch einer Erdenflur
Nicht eingerammt ist solche Spur,
Solang wird dein Geschick gewendet,
Du wirst verworfen, wirst gesendet.

Die Menge rast, der Wutschrei braust,
Verwehrend, dass du heimst und haust,
Damit dem hochgeheimen Planen
Du dienen darfst, das wir nicht ahnen.

(Aus "Das Lyrische Werk (c)", S. Fischer Verlag GmbH,
Frankfurt am Main, 1967, S. 479)

Friedrich Bergammer   **DER EINZIGE ÖSTERREICHER**

Sie schlugen uns im Gefängnis halbtot,
da wurde ums Herz uns weicher,
denn mitten im kämpfenden Aufgebot
wie eine Vision,
stand der einzige Österreicher.

Er hatte ein ehrliches Gesicht
und einen Korb vor den Füssen
und unsre Erwartung enttäuschte er nicht,
er tat nichts andres als Christenpflicht:
uns in den Pausen vom Jüngsten Gericht
die Hölle zu versüssen.

Der Oberteufel, ein Bürokrat,
mit dicker, randloser Brille,
verwandelt in einen Magistrat
den grauen Keller der Greueltat:
in langen Reihen stehen wir grad,
die Hände starr an der Hosennaht,
da plötzlich befiehlt er Stille.

14

Und plötzlich prügelt und stösst man nicht,
Minutenlang tragen wir Menschengesicht.
Zigaretten werden offen geraucht
und jedem Juden gereicht, der sie braucht.

Im Keller steht ein Würstelmann,
der bietet frische Würstel an,
und schlägt man dich nicht grade tot,
so kaufst du Würstel dir und Brot.

"Ich bin ein Jude! Ich bin ein Jude!"
tönt es schaurig den Gang entlang.
"Ich bin ein Jude! Ich bin ein Jude!"
brüllt der Geprügelte draussen im Gang,

während vor Schreibtischen Männer, verhalten,
freundlich, mit gebügelten Hosenfalten,
die Armbanduhren auf blätternden Händen,
die Durchsicht der Protokolle beenden.

Doch manchmal ist Pause im Jüngsten Gericht.
Da arbeiten deutsche Prügler nicht.
Und hervortritt, wie holder Sinnentrug,
der goldene Wiener, der nie einen schlug.

Im Keller steht ein Würstelmann,
der bietet frische Würstel an.
Und schlägt man dich nicht grade tot,
so kaufst du Würstel dir und Brot.

(Aus Friedrich Bergammer "Von Mensch zu Mensch",
Kurt Desch, 1955)

Friedrich Torberg   **AUF DEN TOD EINES
FUSSBALLSPIELERS**

1938, als im annektierten Österreich auch eine "Neuordnung des
Sportwesens im nationalsozialistischen Sinne" durchgeführt
wurde, ging der populärste Fussballspieler Wiens, Mathias Sindelar,
freiwillig in den Tod.

> Er war ein Kind aus Favoriten
> und hiess Mathias Sindelar.
> Er stand auf grünem Plan inmitten,
> weil er ein Mittelstürmer war.
>
> Er spielte Fussball und er wusste
> vom Leben ausserdem nicht viel.
> Er lebte, weil er leben musste,
> vom Fussballspiel fürs Fussballspiel.
>
> Er spielte Fussball wie kein zweiter,
> er stak voll Witz und Phantasie.
> Er spielte lässig, leicht und heiter.
> Er spielte stets. Er kämpfte nie.
>
> Er warf den blonden Schopf zur Seite,
> liess seinen Hergott gütig sein,
> und stürmte durch die grüne Weite
> und manchmal bis ins Tor hinein.
>
> Es jubelte die Hohe Warte,
> der Prater und das Stadion,
> wenn er den Gegner lächelnd narrte
> und zog ihm flinken Laufs davon —
>
> bis eines Tags ein andrer Gegner
> ihm jählings in die Quere trat,
> ein fremd und furchtbar überlegner,
> vor dem's nicht Regel gab noch Rat.

16

Von einem einzigen, harten Tritte
fand sich der Spieler Sindelar
verstossen aus des Planes Mitte,
weil das die neue Ordnung war.

Ein Weilchen stand er noch daneben,
bevor er abging und nachhaus.
Im Fussballspiel, ganz wie im Leben,
war's mit der Wiener Schule aus.

Er war gewohnt zu kombinieren,
und kombinierte manchen Tag.
Sein Überblick liess ihn erspüren,
dass seine Chance im Gashahn lag.

Das Tor, durch das er dann geschritten,
lag stumm und dunkel ganz und gar.
Er war ein Kind aus Favoriten
und hiess Mathias Sindelar.

(Aus "Lebenslied", Gedichte,
Langen-Müller, München 1958)

Herbert Kuhner   **THE ROUNDUP**

Their arrival tore open the night.
There were curt commands;
The jogging of booted feet;
The gleam of helmet and gun;
The shuffling of the herded ones.
Sobs and moans were cut short
By the slamming of truck doors.
Then the rasping of motors,
The roar of departing lorries
And the commotion was over.
Those who had been taken
Would never be seen again.
The neighbors who had peered
Through drawn blinds
Went back to their beds.
Death meted out with legality:
Neat documents stamped and sealed
With the emblem of the state.

(Manuskript)

18

Jene Hand reicht nicht bis über's Meer . . . ?
In der New Yorker Emigration schrieb

Franzi Ascher-Nash

SOMMERNACHT (New York 1939)

Es ist nichts Böses, ist ja nur die Hitze,
dass ich nicht schlafen kann in dieser langen Nacht,
und dass mir ist, als hingen neue Blitze
im Finstern, und als stünde niemand Wacht.

Als wären ohne Antwort alle Hände,
als stünden schwarze Mauern um uns her,
als wären alle Wege längst zu Ende
in einem stummen, blinden, regungslosen Meer.

Da fühl' ich, wie mein Atem plötzlich anhält:
ein Auto fährt vorbei - nein! Es kehrt um!
Und wie die alte Angst mich wieder anfällt -
denn nachts geht drüben die Vernichtung um.

Die Aufzugtüre kreischt und Schritte kommen näher
und immer näher . . . ist die Tür versperrt?
Und ist sie's auch, der braune Griff der Späher
hat schon aus tausend Türen Opfer vorgezerrt.

Da erklingt ein gläsern leises Klirren,
hell und zart, wie Botschaft und Gewähr:
Es war der Milchmann. Lass dich nicht verwirren.
Jene Hand reicht nicht bis über's Meer.

Und am Gang verklingt der Schritte leises Hämmern,
aufgeschluckt vom Rinnen dunkler Zeit,
vor den Fenstern aber steht das erste Dämmern,
und ich weiss, der Tag ist nicht mehr weit.

(Aus ihrem Buch "Gedichte eines Lebens",
Bläschke Verlag, Darmstadt, 1973/74, S. 14)

Otto Fürth   **VERBOTENE KUNST**

Der Scheiterhaufen flammt, die Menge johlt,
Ein Büttel brüllt mit richtender Grimasse
Und hingemordet glimmen in der Gasse
Der Bücher Leichen, farbig und verkohlt.
Die rote Flamme rafft mit gelben Händen
Geweihte Schätze gierig in das Grab,
Die, aufgespeichert in verzierten Bänden,
Jahrhundert an Jahrhundert weitergab.
Gerahmte Bilder, klanggefüllte Noten
Zerbersten in der Glut, zu Staub verdammt.
"Wir richten die Lebendigen und die Toten
Nach Art und Blut und Sippe", spricht das Amt.
. . . Hat je sich Wahnsinn mehr zum Spott gemacht?
Verbietet doch dem Morgenrot zu glühen,
Verbietet doch dem Frühling aufzublühen,
Verbietet doch den Sternenglanz der Nacht!
Indessen ihr in flammendem Fanale
Den Todesspruch an Edelstem vollzieht,
Ward längst geborgen in der Freiheit Saale
Und wohl verwahrt in Reihen und Regale,
Was ihr verfolgtet: Töne, Bild und Lied.
Was euer Wüten auch zu Asche brenne,
Nur Hüllen sind's, die euer Wahn zerbricht.
Es ragt wie je des Geistes Hochantenne,
Der über euch zuletzt das Urteil spricht.
– Horch! Mitten durch den Kirchhof von Verboten
Weht nicht ein neuer Hauch schon in die Zeit?
Die Freie Kunst der Welt ist aufgeboten
Und kämpfen wird sie, bis sie uns befreit!

(Aus der Anthologie "Oesterreichisches
aus Amerika" 1978, S. 30)

Oskar Jellinek

schrieb als Sechzigjähriger in Los Angeles in ein
Exemplar seines Buches BURGTHEATER EINES
ZWANZIGJÄHRIGEN die Widmung:

In einer Welt, da von oberster Bühne
Tönte das Urlied von Schuld und von Sühne,
In einer Welt ohne Film, ohne Sport,
Lauschend dem ewigkeitsbürtigen Wort,

Nicht dem im Radio mit Blindheit geschlagenen,
Nein, dem vom Herz-Licht des Blickes getragenen -

In einer Welt ohne Göbbels und Hitler
Wirkte dies Büchlein als Künder und Mittler.

Heute, da seine Umwelt vernichtet,
Ist mir, als hätt' ich es damals erdichtet.

(Aus "Gesammelte Novellen",
Zsolnay Verlag, 1962)

Albert Ehrenstein   **EMIGRANTENLIED (Gekürzt)**

Das war der Frieden: du hattest Ruh,
Arbeit hienieden - im Himmel stempelst du.
Dann sind die braunen Wuthunde gekommen
Und haben ein Reich, ein zweites, ein drittes genommen.
Kein Kampf - man hat sich dumpf ergeben,
Schöner als Zwangsrobot schien: Im Frieden leben.
Aber der Freiheit Licht
findest du nicht,
Man hat längst in elender Länder Gossen
Sie unverdrossen auf der Fahrt erschossen.
. . . .
Wer seine Heimat unterwegs im Strassenraub verloren,
Wer sein lieb Vaterland durch Naziraub verloren -
Kein Passpapier? Zurück mit dir!
Visum ins Nichts! Hier bist du nicht geboren!

(Aus "Gedichte und Prosa", The Jewish University, Jerusalem)

A U S W A N D E R U N G

In "Das neue Tagebuch" vom 5. Juni 1937 finden wir ein Gedicht
von

Berthold Viertel   **AUSWANDERER**

Nun müssen wir von allem scheiden,
Was Kindheit uns und Wachstum war.
Wir sollen selbst die Sprache meiden,
Die unserer Herzen Wort gebar.

Die Landschaft werden wir verlassen,
Die uns auf ihren Armen trug.
Wir sollen diese Wälder hassen
Und hatten ihrer nie genug.

Wie je uns wieder anvertrauen
Dem Friedenshauche einer Flur,
Wenn Abendlicht und Morgengrauen
Befleckt sind mit der blutigen Spur?

Wenn in der Bäume gutem Raunen
Aufrauscht der Hass, der uns vertreibt!
Es lernten unsre Kinder staunen,
Warum man nicht zu Hause bleibt?

Wir sind, mein Kind, nie mehr zuhause,
Vergiss das Wort, vergiss das Land
Und mach im Herzen eine Pause -
Dann gehn wir. Wohin? Unbekannt.

(Aus "Dichtungen und Dokumente",
Kösel Verlag, München 1956)

James Joyce war imstande, Hermann Broch via England nach Amerika zu retten. In seinem Flugzeuggedicht nimmt Broch Abschied von Österreich.

Hermann Broch   **NUN DA ICH SCHWEB IM ÄTHERBOOT (1938)**

Nun da ich schweb im Ätherboot
Und ich aufatmen kann,
Da packt sie mich
Da packt sie mich
Da packt sie mich noch einmal an
Die rohe Flüchtlingsnot.

Ein Herz, das mir zum Abschied schlug
Blieb ohne Trost zurück
Ich spürte bloss
Ich spürte bloss
Ich spürte bloss den Schlingenstrick
Den um den Hals ich trug.

Da drunten ist nun nichts mehr gross
Die Strasse ist ein Strich
Doch plötzlich weiss ich von dem Moos
Und weiss den Wald, des Harz ich riech
Und weiss, da drunten lag einst ich
Und lag in meiner Heimat Schoss
Die weisse Strasse ist ein Strich.

Wie pfeilgrad endlos ist der Strich,
Hier ist nur stählernes Gebraus
Pfeilgerade geht der Flug
Dort drunten steht ein Bauernhaus
Ich weiss, dort drunten geht ein Pflug
Ganz still und langsam, schnell genug
Für's stille Brot, jahrein, jahraus.
Pfeilgrad und stählern geht der Flug.

(Aus Hermann Broch, "Gedichte", st 572,
Suhrkamp Verlag, Frkf.a/M, 1980, S. 43)

Julius Buchwald   **ICH REISE DURCH DIE WELT**
(Aus den Emigrantenliedern)

Ich reise durch die Welt,
durch Städte, Dörfer, Wald und Feld.
Per Auto, Flugzeug, Bahn, zu Fuss;
ich atme Dampf, Benzin und Russ.
Die Brise braust mir ins Gesicht,
steh ich auf Deck im Sternenlicht.
Fabriken qualmen mir vorbei
und Hämmer dröhnen Erz zu Brei.
Chinesen lächeln scheu, verschmitzt,
des Negers Zahnreih blendend blitzt.

Und ich, ich reise durch die Welt;
durch Städte, Dörfer, Wald und Feld.
Per Auto, Flugzeug, Bahn, zu Fuss;
beneid mich nicht darum - ich muss!

(Aus der Anthologie "Österreichisches aus Amerika",
Bergland Verlag, Wien, 1973, S. 15)

Paul Elbogen   **DER EMIGRANT**

Tragisches Scherzgedicht, geschrieben in Frankreich 1941

Jeder Mensch, auch Goethe, auch Homer,
Den man in ein fremdes Land verbannt,
Wird, wenn's Portemonnaie wird hastig leer,
                    Ein Emigrant.
Trug er einst voll Stolz den Nobelpreis,
Trug er Sorgen oder trug er Sand,
Auf der Polizei er flüstert leis':
                    Ich bin Emigrant.
Durch die Homespun-hose, die gerettet,
Fühlt er — letztes (hinten morsches) Band —
Sich an längst Entschwundenes gekettet,
                    Der Emigrant.
Jacke, Strümpfe, Mantel, oft gewendet,
Stammen aus einst neutralem Land,
Hemd bekam vom Kommitee gespendet,
                    Der Emigrant.
Ob gezählt er ward zu den Hebräern,
Ob mit Judenhass gefüllt zum Rand,
Es erblasst, wenn ernst zwei Herrn sich nähern,
                    Der Emigrant.
"Fremde müssen Nasenringe tragen"
"Hitler nach St. Helena verbannt"
Er glaubt ALLES, ohne viel zu fragen,
                    Der Emigrant .
Liest er: "Neuer Krieg", wer auch der Feind sei,
Grönland oder Betschuanaland,
Er fragt, ob nicht DOCH vielleicht gemeint sei,
                    Der Emigrant.
Er verlor längst Alles: Freifahrschein,
Inkasammlung, Scham, ein Stückchen Land,
EINS nur bleibt ihm: Hoffnung nicht zu sein:
                    Emigrant.

(Manuskript)

Fritz Brainin   **VIENNA '38**

A sculptor's son
born on Vienna's left bank
I wrote (in German!)
verse, the diary of which I
                                        survived.
Then Göring, Herman,
on his Pegasus arrived.

The nazi turned TAG
ran verse of mine by mistake . . .
I packed my bag:
My poem's clean burning was
                                        at stake.

In June '38
I had an underground poetry night
(we stayed up late for the shortwave
broadcast Louis-Schmeling fight!)
I departed for Venice
(fooling black airport SS
with my racket for tennis!)
the globe with my love to address.

Nine priests and I made a MINJAN;
the greyhound belonged to a whore
who went to the Lido on business
while I went there my STIL to cure.

Between Algiers and Lisbon
the SS Vulcania salt made me
                                        weep . . .
Stopping off the green Azores
Zeiss-camera gazers
shot (among dolphins!) a
LUFTMENSCH leap.
(Erschienen in "Jewish Combatants", N.Y., Winter 1981)

DIE ANKUNFT...

und was sie für jeden bedeutet

im Gedicht des Romanciers PAUL ELBOGEN
im Gedicht NAÊMAHS, der Tochter Richard Beer-Hofmanns
im Gedicht FRANZI ASCHER-NASHS, der Tochter des
                              Komponisten Leo Ascher
im Gedicht des Humanisten ALFRED FARAU
im Gedicht des Dichters FRIEDRICH BERGAMMER
im Gedicht des Dichters GUIDO ZERNATTO
im Gedicht der Dichterin GERTRUD URZIDIL, der Gattin
              Johannes Urzidils und Jugendfreundin Franz Kafkas
im Gedicht des Schachkomponisten JULIUS BUCHWALD

Paul Elbogen   ANKUNFT (1941)

Wir ankern endlich in dem Hafenarm,
schon sieht man Häuserturm und Autobus.
Die Freiheitsstatue hebt zum Gruss den Arm.
Zum erstenmal ist es kein Hitlergruss.

Zum erstenmal wirst du hier atmen dürfen -
ein freier Bürger unter freien Bürgern,
seit sieben Jahren wieder Leben schlürfen,
entflohn durch echte Wunder den Erwürgern.

Hier steht die helle Welt dir wieder offen,
du magst nun rennen oder schlendern wollen.
Dir ist erlaubt nun, wiederum zu hoffen.
Wie lange war dir dies Gefühl verschollen!

Hier rast das Leben wie ein Steppenbrand,
granithart musst du sein und feuerfest;
dies ist wahrhaftig kein Schlaraffenland,
in dem man dir zu Tränen Musse lässt.

Hab keine Angst - dir wird dies Leben leicht!
Hast du den Tod nicht eben überwältigt?
Für dich, Geprüften, der damit vergleicht,
ist dies nur neues Glück, vertausendfältigt!

(Erschien in AUFBAU, 5. Dezember 1941)

Naëmah Beer-Hofmann

emigrierte nach USA; bezaubert durch einen Besuch in London
(1.1.1940) schrieb sie

EIN TRAUM IM NEBEL

Ein Haus in London - ein Feuer im Kamin
Und plötzlich war es wieder Wien.
War Wien - der Garten - mein geliebter Baum
Und alles nur ein böser, schlechter Traum.

Man hatte wieder Freunde - war nicht mehr allein,
Man hatte Eltern - und war wieder klein!
Man hatte irgendwo ein Vaterland
Und lebte nicht so - "gänzlich unbekannt".

Du warst bei mir und konntest mir das alles geben,
Denn nur durch Dich konnt' "Heimat" ich erleben.
Denn nur von Dir kam dieser schöne Traum
Denn Dein Gedenken sprengte Zeit und Raum.

Franzi Ascher-Nash   **"Ich hatte einst . . ."**

Man kommt nicht immer leicht mit sich ins Reine.
Auch gibt es ein Gedicht von Heinrich Heine:
        "Ich hatte einst ein schönes Vaterland . . ."

Geheime Angst: werd' ich die Skyline lieben können?
Die Zacken, die wie Jazz-Akkorde brennen?
        "Der Eichenbaum wuchs dort so hoch . . ."

Ein Mann in New York schickt heut mir Orchideen.
Wir werden durch den Park, dann ins Theater gehen.
        "Die Veilchen nickten sanft . . ."

Im Dunkeln find' ich heim. Bin ganz und gar genesen,
bin sicher und beschützt und niemals fort gewesen.
                "Es war ein Traum."
                (Aus ihrem Buch "Gedichte eines Lebens",
                Bläschke Verlag, Darmstadt, 1973/74, S. 15)

Alfred Farau   **DIE RETTUNG (1940)**

Und eines Tages war die Flucht zu Ende,
an neuen Ufern fand ich mich, gerettet.
Gerettet? - - - nur noch unlösbarer bin ich
mit jenen drüben schicksalshaft verkettet.

Kann der gerettet sein, dem immerwährend
das grenzenlose Leid vor Augen steht,
der überdauern muss, wie Stück für Stück
von seiner Welt versinkt und untergeht? !

So wie Odysseus in des Riesen Höhle
selbst noch den Schlaf der Teuersten bewacht,
mit jedem Pulsschlag das Entsetzen spürend
und unerbittlich schau'n muss Tag und Nacht;

so wie der Gläubige den Blick nach Mekka
nicht nur im täglichen Gebete nimmt,
- wie dieses Ziel zuletzt sein ganzes Wesen
von innen her beleuchtet und bestimmt;

so hat auch alles, was ich tu und treibe,
nur EINEN Sinn noch, SINN von ihrem Leben,
darf ich nur atmen mehr und weiterkämpfen,
an ihren Abgrund schaudernd hingegeben.

Steh ich in jedem Lebensaugenblicke
vor ihrem Jammer, ihrer Not geneigt:
in einer Qual, die alles überbietet,
in einer Scham, die nichts mehr übersteigt.

(Aus "Das Trommellied vom Irrsinn", New York, 1943)

Friedrich Bergammer

DER JÄGER GRACCHUS PROPHEZEIT
EINEM FLÜCHTLING (Ein Zitat)

"Mein Todeskahn verfehlte die Fahrt"
nach Auschwitz.
"Eine falsche Drehung des Steuers"
verschlug mich nach Amerika.
"Ein Augenblick der Unaufmerksamkeit des Führers"
schenkte mir das Leben.
"Eine Ablenkung durch meine wunderschöne Heimat" —
ich schluchze:
"Ich weiss nicht,
was es war,
nur das weiss ich,
dass ich auf der Erde blieb,
und dass mein Kahn
seither die irdischen Gewässer
befährt."

(Aus "Momentaufnahmen",
Bergland Verlag, Wien, 1981)

Friedrich Bergammer

ERSTER SPAZIERGANG NACH DER VERFOLGUNG

Nicht auf einmal will ich es geniessen,
in den schönen Sommerpark zu gehn.
Ach, ich muss zuerst die Augen schliessen

und dann will ich etwas weiter sehn
in das mir erlaubte, grüne Land,
wo um Bäume ihre Stillen stehn,

geh' nicht allzufern vom Gartenrand.

Eh' ich wag, die Schatten auszuloten,
muss ich an die ferne Tafel denken:
Juden ist der Eintritt hier verboten!

Und die weisse Aufschrift auf den Bänken:
Nur für Arier. Dann erst mag die Hand
sich von den geschloss'nen Augen senken,

doch mein Blick geht nicht zu weit ins Land.

Und es tröstet nun, dass Häuserblöcke
neben den Geländern riesig säumen
diesen Garten eine lange Strecke.

Zögernd will ich in den Sonnenräumen
an der breiten Wiesendünung Strand
weiter gehen zu den hohen Bäumen,

nah dem Gitter und der Häuserwand.

(Aus "Flügelschläge", Bergland Verlag, 1971, S. 10)

Guido Zernatto

DIESER WIND DER FREMDEN KONTINENTE

Dieser Wind der fremden Kontinente
Bläst mir noch die Seele aus dem Leib.
Nicht das Eis lähmt mir das frostgewohnte
Und die Schwüle nicht das langentthronte
Herz, das leer ist wie ein ausgeweintes Weib.

Dieser Wind der fremden Kontinente
Hat den Atem einer andern Zeit.
Andre Menschen, einer andern Welt geboren,
Mag's erfrischen. Ich bin hier verloren
Wie ein Waldtier, das in Winternächten schreit.

(Aus "Die Sonnenuhr", Otto Müller Verlag, Salzburg 1961, S. 127)

Zernatto überlebte dieses Gedicht nur wenige Tage.

Gertrude Urzidil **GROSSES GESCHICK**

Ein Herzstück blieb in Prag zurück.
In Amerika leb ich auf Reisen.
Das steigert den Alltag zu grossem Geschick,
er bewegt sich in neuen Geleisen.

Die Kindheit meldet sich wieder zu Wort:
Lerne lesen, schreiben und gehen!
Dann wirst du auch am fernsten Ort
die Proben der Fremde bestehen.

(Erstabdruck erfolgte mit Erlaubnis des Leo Baeck Institutes in
der Anthologie "Amerika im austro-amerikanischen Gedicht", 1978.)

Julius Buchwald   AUS DEN EMIGRANTENLIEDERN

Es ist nicht das Land der Verheissung,
in das zu kommen du glaubtest;
es ist kein Land so gemacht,
wie das, das du uns raubtest.

Doch wollen wir weiter schaffen -
sei das Land des Teufels Revier;
wir wollen nicht müssig gaffen -
wir wissen, die Teufel waret ihr!

Wir wollen euch zeigen, wir können
von Diensten sein jedem Staat;
wir wollen zeigen, wir alle
sind fähig zu nützlicher Tat.

Und ist der Weg auch steinig und hart
und umspannen Stricke den Pfad,
so wollen wir ihnen beweisen,
wir kommen nie unter's Rad.

So lang bis auf eigenem Boden
wir schlagen unser Quartier,
sei es in zehntausend Jahren,
sei es in Teufels Revier!

(Manuskript)

Dass in jener Zeit selbst starke Geister vom Führerkomplex ange-
steckt wurden, beweisen Gedichte Berthold Viertels und Ernst
Waldingers; und: sollte, durfte man noch deutsch sprechen?

Berthold Viertel   **F. D. ROOSEVELT**

Er, zu dem die Emigranten wie zu einem Vater aufblicken,
Möge er es sein und bleiben!
    Möge er nie gestatten,
Dass die Verwirrung der Gemüter sich gegen sie kehre,
Gegen die Unschuldigen und Wehrlosen, gegen die Feinde des
    Feindes, die Opfer des Feindes,
Wie es anderwärts geschehen ist, sogar am grüneren Holze.
Könnte er sie sehen, wenn sie seinen Reden lauschen:
Die gestreckten und gefalteten Hände, die grossen, sich
    feuchtenden Augen,
Die hochgespannte, die immer mehr erfüllte Erwartung!
Wohl erfüllt seine Rede ihre Erwartung: hören wir doch in ihm
    den Unbeugsamen, der niemals auftrumpft!
. . . .
Die gleichmässigen Hebungen und Senkungen seines Tones
Sind nicht vom Geschrei der Gefolterten unhörbar-hörbar begleitet:
Sein Wort sei und bleibe die Garantie der unerschütterlichen
    Menschlichkeit.

                   (Gekürzt übernommen aus AUFBAU vom 19. Dez. 1941)

Ernst Waldinger   DER EMIGRANT AN LINCOLN

Das hat mich in Europa schon gestählt,
Als ich von diesem rauhen Lande las,
Dass es der Führer sanftesten erwählt,
Nicht einen Cäsar von Gigantenmass,
Der wirr die Welt mit seinem Machtwahn quält.

Als Lincoln mit dem Sokratesgesicht,
Aus Blicken glühend, duldend - gut und klug,
Der Hinterwäldler, ungeschlacht und schlicht,
Der gattenfromm sein Ehekreuz ertrug,
Der Bürger blieb, trotz der Soldatenpflicht.

Dort drüben prahlt der teuflische Tyrann,
Der nach Amerika uns trieb - im Stillen
Vergleich ich dich, der niemals Übles sann,
Mit jenem . . . Lincoln, Kriegsheld wider Willen.
Fühl ich es, wie der Schauer dich durchrann,
Der Schreckensschauer, der uns heut durchdringt?

Doch bin ich heimlich froh und stolz zugleich,
Dass dein Gedächtnis überall hier schwingt,
Du Menschlichster, in diesem rauhen Reich,
Dass unsere neue Heimat dir lobsingt.

(Aus AUFBAU, 5. Februar 1943)

Berthold Viertel   DER NICHT MEHR DEUTSCH SPRICHT

Deutsch zu sprechen hast du dir verboten
Wie du sagst: aus Zorn und tiefer Scham.
Doch wie sprichst du nun zu deinen Toten,
Deren keiner mit herüberkam?

Zu Genossen, die für dich gelitten,
Denn statt deiner wurden sie gefasst.
Wie willst du sie um Verzeihung bitten,
Wenn du ihren Wortschatz nicht mehr hast?

Jene Ruchlosen wird es nicht schrecken,
Wenn du mit der Muttersprache brichst,
Ihre Pläne weiter auszuhecken,
Ob du auch das reinste Englisch sprichst.

Wie das Kind, das mit der Mutter greinte,
Und, indem es nicht zu Abend ass,
Sich zu rächen, sie zu strafen meinte:
Solch ein kindisch armer Trotz ist das.

(Aus "Der Lebenslauf", Aurora Verlag, N.Y. 1946,
jetzt Kösel Verlag, München: Dichtungen und Dokumente, 1956)

In der ÖSTERREICHISCHEN POST, Paris,
finden wir am 1. März 1939

Ernst Lothar   ÖSTERREICHISCHES EMIGRANTENLIED

Wir haben alles verloren,
Die Habe, das Gut und den Ruf.
Um uns hat sich niemand geschoren -
Sind wir zum Unglück geboren,
Obwohl auch uns Gott schuf?

Wir haben Bücher geschrieben
Und Menschen gesund gemacht,
Wie sind bei den Fahnen geblieben
Und wurden trotzdem vertrieben,
Bestohlen, gequält und verlacht.

Wir waren Priester und Richter,
Wir hatten Amt und Eid,
Wir waren Künstler und Dichter,
Wir hatten Menschengesichter
Und Herzen für Lust und Leid.

Jetzt sind wir von allem verlassen,
Was je uns einte und schied.
Wir Bettler in fremden Gassen,
Wann lernen wir endlich zu hassen
das Land, das uns so verriet?

Wann flehen wir Schimpf und Schande
Auf seine Fluren herab,
Wann fluchen wir dem Verstande,
Der alle Menschheitsbande
Begrub im Massengrab?

Man kann den Menschen fluchen,
Nicht Wiesen, Bächen und Wind.
Drum wird im Exil man suchen
Die Tannen, die Linden und Buchen,
Die nur daheim grün sind.

Was kann sie uns denn gewähren,
Die Fremde, die Welt von Stein?
Die Hoffnung, wiederzukehren
Vom Festland und den Meeren,
Und wieder zu Hause zu sein!

Und Nachts, wenn wir müde vom Leben
Zum Schlafe sind bereit,
Zu Träumen uns zu erheben
Und uns den Glauben zu geben
An die Gerechtigkeit:

Es wird ein Geleite stehen
Habtacht zu unserer Ehr!
Wir werden inmitten gehen
Und Österreichs Fahnen wehen -
So unbefleckt wie vorher.

Vielleicht sind wir dann viel älter,
Vielleicht noch weiter verbannt.
Doch unser Wunsch wird nicht kälter,
Trotz Tod und Teufeln hält er
Bis zur Erfüllung stand!

H E I M W E H

Franz Werfel   **DAS BLEIBENDE**

Solang noch der Tatrawind leicht
Slowakische Blumen bestreicht,
Solang wirken Mädchen sie ein
In trauliche Buntstickerei'n.

Solang noch im bayrischen Wald
Die Axt im Morgengrau'n hallt,
Solang auch der Heilige sitzt,
Der Gott und die Heiligen schnitzt.

Solang auf ligurischer Fahrt
Das Meer seine Fischer gewahrt,
Solang wird am Strande es schau'n
Die spitzenklöppelnden Frau'n.

Ihr Völker der Erde, mich rührt
Das Bleibende, das ihr vollführt.
Ich selbst, ohne Volk, ohne Land
Stütz nun meine Stirn in die Hand.

(Aus "Das Lyrische Werk", (c) S. Fischer Verlag GmbH,
Frkft a/M., 1967, S. 432)

Norbert Grossberg   **EL PASO, TEXAS**

Goldrot leuchtet der Mond auf El Paso.
Eilende Wolken durchschneiden die Zacken der Berge.
Kastagnetten erklingen vom Cortez-Hotel
Der Wind weht jetzt stärker herüber vom Rio Grande.

Ich sitze am offenen Bahnhof und folge
mit wachen Blicken dem Zuge, der meinen Brief
nach dem Norden befördert, hin nach New York,
das ferner mir scheint als Europa.
Und Wien ist bloss dunkles Erinnern . . .

Weisser scheinen die Häuser hier
mit hellerleuchteten Fenstern.
Fremde Sprache klingt an mein Ohr.
Ein amerikanischer Offizier
erscheint, gross und blond,
am Arm ein kreolisches Mädchen
mit pfirsichfarbenen Wangen
und dunkelblitzenden Augen.
Fremde Rassen mir beide.

Fremder nun fühl ich mich selbst.
Drüben liegt Mexiko, Mittelamerika.
Wie ein Verstossener fast, trage ich Merkurs Stab,
ich wandernder Minstrel des Handels,
zwischen den Heimaten immer ein Fremder,
sicher nur meines Leides und meiner selbst,
sicher nur meines Wissens um Flucht und Verfolgung -
reicher dadurch als die Andern,
reicher im Negativen,
dem unantastbaren Gut.

(Aus seinem Gedichtband "Die Schaukel",
Europäischer Verlag, Wien, 1966, S. 11)

Ernst Waldinger   **EIN PFERD IN DER 47. STRASSE**

Es regnet, und ein Strom von Schirmen zieht
Fifth Avenue und Forty-seventh Street.

Um Mittag spein die Tore Schar um Schar:
Nach Gummimänteln riecht das Trottoir;

Nach feuchtem Müll die Strasse, nach Benzin;
Verkehrskolonnen hupen drüber hin;

Nun halten sie; im nassen Asphalt schaut
Ein Autochaos spiegelnd sich und staut

Sich, starr, als ob es eingefroren sei:
Das grüne Licht gibt mir die Strasse frei.

Von Menschenwogen werd ich mitgeschwemmt -
Da stock ich jäh, denn irgendwas ist fremd:

Inmitten der Mechanik Segensfluch,
Riech ich vergessnen, guten Rossgeruch:

Wahrhaftig, zwischen Autos ragt ein Gaul,
Mit plumpen Hufen, ruhelosem Maul.

Hat er mir nicht soeben zugenickt?
Mit müden Augen so mich angeblickt,

Als ständ zu fragen dumpf in seinem Sinn:
Bist du so einsam hier, wie ich es bin?

(Aus seinem Buch "Zwischen Hudson und Donau",
Bergland Verlag, Wien, 1958, S. 9)

Franz Werfel   **TRAUMSTADT EINES EMIGRANTEN (1938)**

Ja, ich bin recht, es ist die alte Gasse.
Hier wohnt' ich dreissig Jahr ohn' Unterlass . . .
Bin ich hier recht? Mich treibt ein Irgendwas,
Das mich nicht loslässt, mit der Menschenmasse.

Da, eine Sperre starrt . . . Eh ich mich fasse,
Packt's meine Arme: "Bitte, Ihren Pass!"
Mein Pass? Wo ist mein Pass!? Von Hohn und Hass
Bin ich umzingelt, wanke und erblasse . . .

Kann soviel Angst ein Menschenmut ertragen!
Stahlruten pfeifen, die mich werden schlagen.
Ich fühl' noch, dass ich in die Kniee brach . . .

Und während Unsichtbare mich bespeien,
"Ich hab ja nichts getan," — hör ich mich schreien —
"Als dass ich eure, meine Sprache sprach."

(Aus "Das lyrische Werk", (c) S. Fischer Verlag GmbH,
Frkft. a/M., 1967, S. 473)

44

Franz Werfel   **EINE PRAGER BALLADE**
**(Geträumt im Zuge vom Staate Missouri
nach dem Staate Texas)**

"Herr Wávra, alter Kutscher! Wie Ihre Rösser jagen!
Ein Stoss hat mich geweckt. So rüttelt dieser Wagen.
Es riecht nach Juchten und Pferd. Nichts als der Funkenschlag
Der Hufe in der Nacht. - Wohin sind wir verschlagen?"

"Sein's ruhig, junger Herr, ich fahre Sie auf Prag."

"In Ordnung! Prag! Die Strasse müsst' ich kennen.
Sind wir in Sterbohol? Dass keine Lichter brennen.
So passen Sie doch auf! Wir zahlen sonst noch Straf',
Wenn im Verdunkelten wir jemand niederrennen . . ."

"Ich fahre prima, junger Herr, in meinem Todesschlaf."

"Herr Wávra, jetzt nach Haus! Die Eltern werden warten.
Sie legen Patience mit abgegriff'nen Karten.
Nach Haus? Um Himmels willen! Das Haus ist mir verwehrt.
Die Nazis lauern längst im Küchengarten . . ."

"Sein's ruhig, junger Herr! Da machen wir halt kehrt."
"Herr Wávra! Feindesland! Fern hör ich schon Geheule.
Es dämmert durch den Schlitz. So peitschen Sie die Gäule!
Herrgott, was schwanken Sie auf Ihrem Bock umher?"

"Sein's ruhig, junger Herr, via Königssaal und Eule
Fahr ich Sie stantepé über's Atlantische Meer."

(Aus "Das lyrische Werk", (c) S. Fischer Verlag GmbH,
Frkft. a/M., 1967, S. 488)

Lotte Lehmann   **WIEN**

Ob jetzt an meinen Fenstern die Geranien
In rote Blüten übergehn?
Ob wohl im Prater die Kastanien
In tausend weissen Kerzen stehn?
Wie oft sind wir zu Zweit geritten
In frischer, herber Morgenluft
Durch sel'ges Blumenüberschütten,
Durch grüner Bäume würz'gen Duft . . .
Es hingen in den Mähnen unsrer Pferde
Kastanienblüten, taumelnd, windzerzaust,
Aufspritzte von den Hufen braune Erde,
Wenn galoppierend wir dahingebraust
Durch die Allee, die lange waldumsäumte . . .
Du, die mich so verraten hat,
Wie kommt es, dass ich heute wieder träumte
Von dir, du schöne, treuelose Stadt? . . .

(Aus "Freiheit für Österreich", N.Y., 1943)

Marie Weiss   **SEHNSUCHT IN DER FREMDE**

Am Wiesenabhang ruh ich aus -
Wie einst daheim, wie einst zu Haus -

Die Augen, halb geschlossen, sehn
Dort die geliebten Menschen gehn -

Dann naht ein Nebel grau und feucht,
Der die Gestalten mir verscheucht.

Kein Vogellied, das lockt und wirbt,
Die Grille nur im Grase zirpt.

Von einer Axt fällt fern ein Hieb —
Wer kennt mich hier? Wer hat mich lieb?

(Aus Marie Weiss' Gedichtband "Vom Wienerwald zum Mt. Rainier", 1951)

Friedrich Bergammer   **MADISON AVENUE**

Ein Neger singt: Wien, Wien, nur du allein . . .
wie könnte in New York es anders sein?
Die Strasse sengt der Sommersonnenschein,
in dem sich wiegend, schlingernd, ein Athlet
an meiner off'nen Tür vorüber geht
und in den Hüften schwingt. Das Lied verklingt.
Er weiss nicht, wem er eine Botschaft bringt,
der wie ein Engel für den Zweifler singt.

(Aus "Flügelschläge", Bergland Verlag, Wien, S. 12)

Max Roden   HÄUSER MEINER HEIMAT

Echowand der Schritte:
Häuser meiner Heimat.
Hab ich euch verlassen,
hallt mein Schreiten hohl.

Steht nicht überm Meere
blau auf blau der Himmel?
Aber meiner Heimat
Farbe ist es nicht.

Treibt nicht aus den Bergen
frohe Lust zum Tale?
Aber meiner Heimat
Atem ist es nicht.

Spürt' ich dich nicht immer,
als ich in dir weilte,
spür ich dich, o Heimat,
bin ich nicht in dir.

"Fremd in der Fremde ist der Weg gezeichnet für Mimi Grossberg
und für Max Roden", schrieb er mir in eines seiner letzten
Bücher . . .

(Aus "Tod und Mond und Glas", Bergland Verlag, 1958)

Friderike M. Zweig   **TRAUM IM WINTER**

Es steht vereinzelt in des Nachbarn Garten
Ein Lärchenbaum, recht selten hierzulanden.
Ich denk an die, die dicht zusammenstanden
Im fernen Lärchwald in Tirol.

Die Lärchen lassen ihre Nadeln fallen
Zur Winterszeit im rauhen kalten Norden.
So ist mein Baum hier kahl und nackt geworden
Wie die im fernen Lärchwald in Tirol.

Doch dieser winterliche Baum,
Den ich stets grüsse im Vorübergehen,
Erweckt in mir verscholl'nen Traum
Vom fernen Lärchwald in Tirol.

(Aus AUFBAU, N.Y., 22 Januar 1971, mit dem Vermerk
"Eines der letzten Gedichte der soeben verstorbenen Dichterin")

Stefan Zweig   **DER SECHZIGJÄHRIGE DANKT**
(Februar 1942)

Linder schwebt der Stunden Reigen
Über schon ergrautem Haar,
Denn erst an des Bechers Neige
Wird der Grund, der gold'ne, klar.

Vorgefühl des nahen Nachtens
Es verstört nicht, es entschwert!
Reine Lust des Weltbetrachtens
Kennt nur, wer nichts mehr begehrt,

Nicht mehr fragt, was er erreichte,
Nicht mehr klagt, was er gemisst,
Und dem Altern nur der leichte
Anfang seines Abschieds ist.

Niemals glänzt der Ausblick freier
Als im Glast des Scheidelichts,
Nie liebt man das Leben treuer
Als im Schatten des Verzichts.

Dieses Gedicht darf hier nicht fehlen, denn wenn auch sicherlich viele andere Einflüsse, vor allem Veranlagung mitwirkten, so besteht kein Zweifel, dass "Heimweh nach der Welt von Gestern" Stefan Zweigs Entschluss, aus dieser Welt zu gehen, massgeblich mitbeeinflusst hat. Er schied mit seiner zweiten Gattin Lotte am 23. February 1942 in seinem Exilaufenthalt Petropolis in Brasilien freiwillig aus dem Leben.

(Der Abdruck des Gedichtes erfolgt mit Genehmigung
der Williams Verlag A.G., London)

Alfred Gong   **MARS (1950)**

SEPTEMBER - schrieben die Buchen,
Im Park abecete der Lehrer,
als plötzlich auftrat der Fremde
klirrend.
Weil der Lehrer erbleichte,
johlten die Kinder.

Mars ging durch die Stadt
und multiplizierte die Fahnen
und nahm den Trinkspruch entgegen.
(Besonders gefiel ihm das Wörtchen "gerecht").
Ein Friseur stutzte ihn unentgeltlich,
unentgeltlich beschlug ihn ein Schmied.

Mars nahm im Rathaus Quartier:
er schwärmte für Träume
und schätzte Karteien besonders.
Er sammelte Lumpen- und Alteisensammler
und schlug sie zum Ritter und Rat.
In der Falte seines Rockes verborgen,
harrte der Heuschreck.
Strengste Verdunklung - befahl er
und knirschte den Mond an,
als jener seinen Befehl
ab und zu nur befolgte.

(Aus "Gras und Omega", S. 8. Lambert
Schneider, Heidelberg, 1960)

1940 landete das Wiener Ehepaar Manschinger in New York, wo
sie bis zu ihrem Tode lebten und wo noch viele Lieder entstanden.

WIR

Ein Lied für die Freunde in der Emigration
Text: Grete Hartwig, Musik: Kurt Manschinger
London, August 1939, wo sie Zwischenstation gemacht hatten
und das Cabaret DAS LATERNDL leiteten.

Verjagt, verbannt, vertrieben und verfemt,
die Freude ausgelöscht, der Mut gelähmt,
so baut man sich in Zweifel, Hass und Leid
ein Pseudo-Heim für diese Wartezeit.

Ich hier, du dort, der Dritte irgendwo,
doch keiner wird auf fremder Erde froh,
nur scheinbar mit dem Alltag ausgesöhnt,
so warten wir, bis das Signal ertönt.

Dann lassen wir das neugebaute Zelt,
wenn einst der Kampf beginnt: Welt gegen Welt,
von allen Seiten strömen wir herbei,
damit das Bataillon ein starkes sei.

Von hier, von dort, von fern, von irgendwo,
der Freiheit Fahne leuchtet lichterloh,
so gibt's ein Wiedersehn im heil'gen Krieg,
ein Wiedersehn, mein Freund, beim letzten Sieg!

(Manuskript. Mit Erlaubnis des Manschinger Music Trust, N.Y.)

Margarete Kollisch **INDIANA MARSCH***
(Zur Musik von "O, du mein
Österreich" geschrieben)

Grüss Gott und dobri den,
how are you, gentlemen?
bon giorno, jo napot,
thanks, not so hot.
Im Camp von Atterbury
da gibt's a Ramasuri
als wie in Breitensee
juchhe, okay!

(Acht Takte Zwischenspiel auf dem Klavier)

In Indiana,
da war noch kana,
mir san die k.u.k.
Amerikaner.
Du lieber Onkel Sam,
I do not give a damn,
ich bin ja dein Soldat
und nicht aus Podiebrad.

Ich weiss nicht, wo ich bin,
wo g'hör ich wirklich hin,
die Heimat liegt so fern -
so what und habt's mich gern:

O, du mein Österreich . . . (etc.)

*1943 sollten die aus Österreich stammenden amerikanischen
Soldaten zu einer von Otto von Habsburg geplanten "Austrian
Legion" vereinigt werden, die aber nicht zustandekam.

(Aus "Amerika im austro-amerikanischen Gedicht", S. 52)

Als die Maginot-Linie fiel, Hitler in Frankreich einrückte und die französische Flotte in Gefahr geriet, von ihm ergriffen zu werden, schrieb

Lili Körber   **DIE FLOTTE VON TOULON**

Gejagt vom Liebesgotte
Naht sehnsuchtsvoll Gaston.
"Warum so kalt, Charlotte?
Was hast Du? Qu'as-tu donc? "

Sie dreht die Papillote
Und seufzet: "Oh, Gaston,
Was wird nur aus der Flotte,
Der Flotte von Toulon?

Des Hitlers wilde Rotte,
Sie hat so viel Aplomb;
Er kommt und nimmt die Flotte,
Die Flotte von Toulon.

Pétain, die alte Motte,
Der sagt bestimmt nicht non,
Er liefert aus die Flotte,
Die Flotte von Toulon.

Laval, diese Kokotte,
Der lächelt nur: "Allons,
Allons, prenez la flotte,
La flotte est à Toulon."

Drauf sagt Gaston: "Charlotte,
Ça m'est égal, au fond.
Je t'aime und nicht die Flotte,
Die Flotte von Toulon.

Es naht Dein Lanzelotte,
Dein treuer Céladon.
Denk' nicht mehr an die Flotte,
Die Flotte von Toulon."

Drauf ruft sie: "Saperlotte!"
Und stampft mit dem Talon.
"Das Herz im alten Trotte,
Das geht nicht, Herr Gaston.

Die braunen Hottentotten
Entfesseln Rebellion.
Pack' ein Deine Klamotten,
Zieh' an Dein Pantalon!"

Zehntausend wie Charlotte
Trotz Tausend wie Gaston,
Versenkten dann die Flotte,
Die Flotte von Toulon.

(Erstabdruck in der Anthologie "Österreichisches aus
Amerika", 1973). Vertont von Kurt Manschinger.

Fritz Brainin   **BALLADE VOM UNTERGANG DER STADT**

Nachmittags ging ein Geräusch auf über der Stadt
Von vielen Propellern aus Westen und stieg.
Man drängte, man jagte in Autos wo hin,
Kein Mensch schaute auf, weil die Sonne nicht schien
In dröhnenden Wolken - nur einer schrie "Krieg!"

Gestaffelt tauchten sie auf, da war es zu spät,
Zu stoppen die Panik in jedem Betrieb!
Sie flogen so dicht, dass die Stadt fiel in Nacht,
Wüst brüllten die Strassen mit Luftschacht an Schacht, -
Dann fegte der Angriff herab wie ein Hieb.

Nur drei Sekunden lang schlugen Gasbomben ein.
Der Luftdruck - er legte die Funktürme um.
Dann flogen sie weiter, - sie hatten nicht Zeit, -
Man rannte im Gas durch die Strassen, - nicht weit, -
Und abends, - da war es schon überall stumm.

(Aus der Anthologie "Dein Herz ist deine Heimat",
Amandus Verlag, Wien, 1955, S. 203)

Herbert Kuhner   **BLITZ**

Oh the melancholy moan of those sirens
The wailing of an old mourning woman
Her head clasped between her hands

The sky white-webbed with the rays
Of criss-crossing mechanical eyes
Seeking out squadrons of droning wasps

The hurried running to damp cellars
The thud and crackle of flak and bomb
The waiting for the whistle that meant a hit

Sirens like chalk scraped along a blackboard
Sirens that cut to the quick like a razor
Sirens that signified a return to the streets

The sound that meant another night of life
Bemoaning the charcoal tones of the post-raid
Crumbling rubble lit with flickering red flames.

(Manuskript)

Inmitten von all dem Schrecklichen finden wir am 1. April 1942 im AUFBAU ein Gedicht von

Lili Körber   **LEBENSMITTELPAKETE NACH EUROPA**

Eines Tages wird das Wunder geschehn:
Frieden auf diesem Planeten
Und dann wirst du am Postschalter stehn
Mit schweren Fünfkilopaketen.

Nach Frankreich, nach Polen, nach Prag und nach Wien
Man kabelt: "Was möchtet ihr essen?"
Der Mutter, den Freunden, der alten Kathrin.
Hast du auch niemand vergessen?

Frei ist Europa! Die Freiheit ist Gries,
Mehl, Butter und Haferflocken.
Ja, heut' heisst der Freiheit Paradies
Kondensmilch und wollene Socken.

Frei ist Europa! Der Schalter empfängt
Die Pakete, sie werden verladen.
Sei ruhig! Es wird nichts mehr versenkt,
Es gibt auch keine Blockaden.

So still sind Himmel und Ozean,
Jetzt darf man atmen und essen,
Deine Pakete, sie kommen an . . .
Hast du auch niemand vergessen?

K A Z E T

Rose Ausländer

DAMIT KEIN LICHT UNS LIEBE

Sie kamen mit scharfen Fahnen und Pistolen
und schossen alle Sterne und den Mond ab
damit kein Licht uns bliebe
damit kein Licht uns liebe.

Da begruben wir die Sonne.
Es war eine unendliche Sonnenfinsternis.

(Aus "Blinder Sommer", S. 108)

Joseph Hahn

Die Wahrheit verschnürt ins Vergessen
und rings das tausendzüngige Wespengoldlied.
Licht blühen die Rosen im Labyrinth,
über dem lockeren Hirngeröll
seiltanzt die Sühne,
das Los, in raschelndes Feuer gehüllt,
umzingelt das atmende Wunder,
die Lüge setzt einen neuen Jahresring an,
am Weltgrat der Essigschwamm
saugt sich in gießende Finsternis.

Leichter als Schatten ist der Toten Blut,
schwerer als Stein.

(Manuskript)

Joseph Hahn

Rose, rötest die Nachtschlucht so helle,
Strahl, treibst so leicht durch die Zeit,
trittst so frühe über die Ewigkeitsschwelle,
du Schatten im Echokleid.

(Aus "Gedichte und fünf Zeichnungen"
Bern: Francke Verlag, S. 45)

59

Josef Luitpold **AM ABEND, WENN DIE NEBEL WEHN**
(Cepoy, 1939)

Von Drahtverhan zu Drahtverhau
die hundert Schritte, die wir gehn
am Abend, wenn die Nebel wehn
von Drahtverhau zu Drahtverhau -

Gestalten wir, gespenstergrau,
auf zwanzig Schritte nicht zu sehn
am Abend, wenn die Nebel wehn
von Drahtverhau zu Drahtverhau -

das Werk, das Heim, der Sohn, die Frau
sie werden uns nicht wiedersehn
so lang, solang die Nebel wehn
von Drahtverhau zu Drahtverhau.

(Aus "Das Sternbild", Bd. II, Ges. Werke.)

Friedrich Bergammer **DAS JUDENKABARETT**

Hosen herunter! - Da lachte
die SS oder SA,
die das Kazet bewachte,
als sie den Penis sah.

Es war ein Judenglied -
wie lustig! - und beschnitten.
Und diesen Unterschied
schätzen Antisemiten.

Das war die grösste Hetz'
des Judenkabaretts,
der unschlagbare Schlager
im Vernichtungslager. ien". Bergland Verlag, Wien, 1981)

(Aus "Momentaufnahmen", Bergland Verlag, Wien, 1981)

60

Marie Weiss NACH EINEM BERICHT DES 1944
VERÖFFENTLICHTEN TAGEBUCHES
AUS DEM WARSCHAUER GHETTO
VON MIRIAM BERG

Bezieht sich vermutlich auf die Geschichte von dem Waisenhaus-
pädagogen und Lehrer, der darauf bestand, seine Zöglinge selbst
nach Treblinka zu bringen, ohne ihnen zu sagen, was ihnen bevor-
stand, und der dann mit ihnen starb. Sein Name war Janusz
Korczak. 1962 brachte Israel eine Janusz Korczak Briefmarke
heraus.

> Artig und freundlich, mit Nicken und Grüssen,
> So kommen sie, auf trippelnden Füssen,
> aus dem lieben, lichten, vertrauten Haus
> Auf graue Ghettostrassen hinaus ...
>
> Gilt's heut, einen kleinen Ausflug zu machen?
> Die Püppchen plaudern, winken und lachen,
> Und wandern in schön geordneten Reihn
> Hand in Hand, sittsam, immer zu zwein,
>
> Indessen der Mann, der ihr Heim geleitet,
> Getreulich und gütig mit ihnen schreitet,
> Manchmal sie streichelnd, liebkosend ihr Haar -
> Er, der den Waisen ein Vater war ...
>
> Die schneeweissen Schürzchen der Kinder leuchten
> Hell durch den Morgen, den regenfeuchten,
> Bis endlich der ferne Spielplatz erreicht,
> Der, seltsam, mehr einem Friedhof gleicht ...
>
> Die weissen Schürzchen - sie waren wie viele
> Sichtbare, leichte Soldatenziele!
> Schon wurden sie von den Kugeln zerfetzt,
> Zerrissen, beschmutzt und blutbenetzt ...

Es sanken die wankenden jungen Glieder
Tödlich getroffen zu Boden nieder —
Der Leiter, den sie zum Zusehn gebracht,
Wurde als Letzter niedergemacht. —

Nun grünt wohl der Grund um die Mörderstätte,
Und Erde birgt die Kinderskelette . . .
Doch weiter dauernd, auf sichtbarer Wand
Steht, was geschehen hier, eingebrannt! -

(Aus dem Gedichtband von Marie Weiss
"Vom Wienerwald zum Mount Rainier", S. 22)

Anna Krommer   **AUF DEN SPUREN DER TOTEN**

Horch -
das Echo der Toten
in Gebärden der Schatten.
Die Sterne verfinstern sich.
Horch -
Millionen im Haftkleid
eintönig grau gebeugt.
Das Entsetzen der Angst
in dämonischer Stille.
Horch -
Die Prozession schlurft den Marterweg -
sie trägt das Kreuz in die Arena der Qual
beim Spiel einer Todeskapelle,
der Folterer immer die Geissel schwingend.
Eine strauchelt, schwankt
bricht aus der Reihe
bis die Peitsche sie mahnt.
Wer war sie? nur ein Augenblick.
Wer war sie? Anonyme im Haftkleid.
Errate ihr Antlitz -
Das Antlitz aller . . .

Die Geigen die Schreie die Hunde -
rachsüchtig die Lust der Sadisten.
Und Deine Stummheit - abgewandt.
Jetzt begreife ich die Identität der Nummerierten.
        Wohin gingst du bei Nacht und Nebel?
Ich suchte Dich jahrelang auf den Spuren der Toten.
        Es ist still geworden auf den Marterwegen.
        In der Stille hallen millionenfach Schritte.
Du bist nicht zurückgekehrt.
Noch immer suche ich Dich
in der veränderten Heimat.
Traumbehängter Marktplatz.
Allegorie der Verwaisung.
Misstrauische Blicke -
sie verrieten Dich.
Alte Frauen blicken stumm -
sie wussten um Dich.
        Ein Kind schwingt im Garten
        die Schaukel von Gestern -
        windgewiegte Zeitwaage.
Ein Bauer grüsst -
ein Bauer bezeugt es -
sie haben Dich weggebracht.
Der Wegweiser deutet
gesperrte Vergangenheit.
Der Wegweiser deutet
die Fährte nach Auschwitz.
        Ich schmecke Deine Asche
        ich trinke dein Blut
        wo mein Tisch gedeckt ist
        in der Fremde der Heimat.
Vielleicht warst Du es -
der strauchelnde Häftling.
(Immer die Anonymität der Verdammten)
Dein Antlitz mir zugewandt
unter der Geissel des Folterers
(Immer die Reflexion der Geliebten)

Ich fand Dich
auf verödetem Weg in den Morgen.
Du trugst Dein Kreuz
in den dämmernden Tag
zur Regenbogenbrücke.
Dein Gang wurde leicht in den Winden . . .
. . . .

Mimi Grossberg

THERE IS ONE THOUGHT

There is one thought
we must not pursue —
Were they gassed?
Were they buried alive?
How long did they suffer? ? ?
Don't talk — I go mad —
How can this — how can this be true? ? ?

For: We are their children —
not strangers — see?
Our bodies are safe
but our minds are free
and cannot be stopped
to our last breath
from conjuring up
their hour of death . . .

Goethe said: That's where our imagination stops . . .
He was wrong.

(Manuskript)

64

Alfred Gong

VERWERTUNG

Mitunter kehren Gehängte heim
und flattern an der Wäscheleine.
Weil längst vergessene Asche
kam im Morgendüster angeweht,
beeilen sich die guten Frauen
Zwehle und Leilach abzuknüpfen
und sie zur Wäscheköchin zu bringen.

Hels ausgelaugte Finger langen
nach dem verklärten Leib:
Ich ringe deine Säfte aus,
ich steck dem Dorn dein Herze auf,
und deine Knochen stoße ich
zu Pulver für die Liebesfreud.

Wer aus'm Blechnapf Spülicht trank,
wer in die Jauche fiel und sank,
der bleibe weg, der bleibe fort,
der bleibe uns vom Leibe
eintausend wüste Meilen fern
und mache nicht die Kindlein bang
mit Lug und Schauermärchen.

Im Kuttelhof wie dazumal sitzen
die Zähnebrecher
    Grubengerber
       Seifensieder
beim Morgenschoppen unverrückbar.

(Aus "Gnadenfrist", Verlag G. Grasl, Baden, 1980)

Greta Hartwig **I WAS SPARED**

Murdered were my sisters, brothers,
Gassed with millions of the others
While the Nazi fury flared.
I was spared.

In my dreams I hear them crying,
Screaming, yelling, moaning, sighing -
Shocked I wake and deadly scared -
I was spared.

Scattered lie their guiltless ashes
While the threat of madness lashes
At my mind because I dared
Being spared.

Oh, my Lord! Their torture ended,
Mine goes on and is extended
Till my soul's forever snared . . .
I was spared.

Nothing can relieve my sorrow,
I've no hope for tomorrow
Broken am I for I cared
And was spared.

(Manuskript. Mit Erlaubnis
des Manschinger Music Trust, N.Y.)

Maria Berl-Lee   **DIRGE OF ANNE FRANK'S FATHER**

I look at you
  my daughter
    under stranger's roof.

Vulnerable walls
careworn floors
that dare not tremble
cannot contain your radiance.
You tiptoe through a coffin-closed attic,
a golden reflex on a grieving world,
bright sparkle on a leaden dusk,
for a little while.

When the time has come
we go on to a blighted age
in a bitter world.

Did you do well, my Anne,
  to leave so soon?

(Manuskript)

Maria Berl-Lee   **PROPHECY FOR THE**
                    THOUSAND YEAR REICH

Prone in the dust I lie,
destroyed, undone,
while you exult,
foot on my mendicant neck,
triumphantly taunting
that you shall leap laughing on my grave.

And so you will.

As you can see, fate holds no kindness.
A demon rancorous, malign,
it lashes its nailed boot
at the defeated's crushed head.

But you, my enemy, are not immortal either,
nor invulnerable to pain and grief,
and fate lurks, treacherous,
a serpent coiled to strike your head
at the first stumble.

You feel a shiver touch your shoulder blades?
The cold November wind comes fast.

(Manuskript)

Alfred Farau   REDE AM TAGE VON HITLERS STURZ

Hitler ist tot! - Nun schwenket keine Fahnen,
marschiert nicht auf und läutet nicht die Glocken,
das ist ein Tag der Trauer und der Scham,
das ist kein Tag, um jauchzend zu frohlocken!

Wenn solch ein Mann in blutig langen Jahren
des Wahnsinns, wie die Welt ihn niemals sah,
von euch ertragen ward, von euch geduldet —
wenn das geschehen konnte und geschah,

dann schweigt, ihr Leute, und denkt nach darüber,
und fragt euch, wie es möglich war und kam
und dauern konnte . . . schwenket keine Fahnen,
dies ist ein Tag der Trauer und der Scham!

Ich weiss es, was ihr wollt: nur jubeln dürfen,
dass ihr ihn los seid - und ihn dann vergessen!!
Vergessen, dass die Erde er beherrschte,
und, schlimmer, euer ganzes Herz besessen? !

Denn, meint ihr wirklich, dass da irgend einer
nur eben einfach zu befehlen braucht
und alle Macht der Erde beugt sich vor ihm,
sobald er brüllend aus dem Dunkel taucht?

Meint ihr, er stehe gleichsam auf den Wolken
und sei nicht fest verankert in der Welt?
Und könnte stehn, wenn ihr's nicht möglich machtet,
ihn nicht der Glaube von Millionen hält? !

Wenn dieser Mensch sich ganz entfalten durfte,
sein Gift in solchem Maas zum Ausdruck kam,
sind alle Völker schuld - Schwenkt keine Fahnen!
Hitler ist tot! Dies ist ein Tag der Scham.

Von tausend Kanzeln gilt es, aufzuzeigen,
wie sich die Menschheit selbst ihr Los erschafft,
bis jedem klar wird, dass er mitverbunden,
mit Teil hat an der Erde Schöpferkraft.

Wenn das geschieht, und erst wenn wir so weit sind,
wenn selbst die Hoffnung nur von ferne dämmert,
dass einst die Menschheit diese Schlacht gewinnt -
dann ist es Zeit, zu jauchzen und frohlocken,
dann ist es Zeit für Fahnen und für Glocken -
doch heut' ist nur ein bitterer Tag der Scham.
Besinnt euch, Leute, und geht still nach Hause.
Hitler ist tot. - Der wahre Kampf beginnt!

(Gekürzt aus "Das Trommellied vom Irrsinn", N.Y.)

Ernst Waldinger   **TRÖSTLICHES WISSEN**

Der Junge, der gesagt hat, dass die Gräber,
Die Judengräber Bergen-Belsens auch
Als deutsches Schandmal zur Geschichte Deutschlands
Wie alle Leuchtkraft Beethovens und Bachs
Unwiderruflich grauenhaft gehörten,
Der deutsche Junge, der dies sagte, gab mir
Den Trost des Wissens wieder, dass das Gute
Nicht auszurotten ist, dass immer wieder
Sein Keim durch den Verwüstungsschutt empor
Sich unerschrocken in das Märzlicht kämpft,
Dass diesem kümmerlichen Keim zulieb
Sich's doch zu leben auf der Erde lohnt.

(Aus "Ich kann mit meinem Menschenbruder sprechen",
Bergland Verlag, Wien, 1965, S. 151)

KONSEQUENZEN

Friedrich Torberg   **DIE RÜCKKEHR**

War ich denn jemals fort?
War es denn jemals anders?
Nichts
was ich nicht wüsste
und nichts
wessen sich Sehnsucht und Angst, wessen sich Herz und Blick
nicht schon versehen hätten, eh dass ich kam.
Kam ich denn überhaupt?
Einen irren Atemzug lang
stehen die Kreise still,
bröckelt und bricht
aus ihrem Ablauf die Zeit.
Lautlos
schlägt über mir Erstarrtem das Firmament zusammen.
Und jetzt erst,
jetzt, da die Zeit sich wieder in eins fügt,
da dem Ablauf ich eingefügt bin,
löst sich die Starre,
löst sich der Schritt.

Aber wo ich auch gehe,
flattern die dunklen Gewänder der Toten um mich.

(Aus Torberg's 1958 bei Langen-Müller, München,
erschienenem Gedichtband "Lebenslied")

Friedrich Bergammer

DIE ZWEI STUFEN

Über den jüdischen Tempel
ist buchstäblich Gras gewachsen,
ein wunderschöner Rasen
mit bereits hohen Bäumen.

Da musste ich plötzlich weinen.
Es führten noch zwei Stufen
des toten Gotteshauses
in den heiligen Garten.

(Aus "Flügelschläge", S. 44, Bergland, 1971)

Fritz Brainin KRIEGSGEFANGENENLAGER-WÄCHTER,
ARIZONA '45

Jeden Morgen, wenn der Feldarbeitstransport
den Stacheldrahtausgang des "Base Camp Wien" passiert
mit Afrika-Korps-Tirolern müd vom Fussballsport,
wo sich die Arizona-Wüste scharf ins Licht liniiert —

Dann jedes Mal (wenn die Gefangenenkarawane
früh am tollen Hundestall vorüberrollt)
erbleicht ein junger Werther im Verfolgungswahne
weltschmerzlicher Ängste, wo die Bestie grollt.

(Im Anschluss-März bellt wütend die SS an Wiener
Türen! Die Mutter ihren Dichtersohn versteckt . . .)
Mit meiner linken Faust halt ich den Karabiner,
den rechten Daumen zur Passierung ausgestreckt.

Oh, Ex-SS-Bub unter Wüstenluftdruckslast
(das gelbe "P" am Zwilchhemd wie ein Judeng'spenst!),
ich bin es nicht - der Bluthund ist's, der dich am tiefsten hasst,
wo du jetzt täglich durch dein eignes Ghetto rennst.

(Aus LITERATUR UND KRITIK, 1977, Heft 112)

Torberg, Lothar und Farkas kehrten nach Österreich zurück. Die
anderen Autoren der hier folgenden Gedichte besuchten es ge-
legentlich — oder auch alljährlich —, aber sie blieben nicht.

"Wien, ach warum liessest du mich gehn?" fragt Grete Hartwig . . .

Grete Hartwig   **EIN MANN HAT HEIMWEH**

Die Heimat verloren, die Träume zerronnen,
ich hab' es getragen, ich glaub', wie ein Mann.
Ich habe mein Leben von vorne begonnen,
New York ist der Schmelztiegel, wo man das kann.
    Wenn ich Heimweh hab', bild' ich mir ein,
    dass mein Coca-Cola ein Glas Wein,
    dass der Woolworth der Herzmansky ist
    und im Hudsontal die Donau fliesst.
    Ist der "Hector" nicht ein Ringcafé
    und die Eastside der Franz-Josefs-Kai?
    Und der Times Square ist der Stefansplatz
    und das Drugstore Counter-Girl mein Schatz;
    für Grand Central setz' ich Westbahn hin,
    für die Liberty - die "Spinnerin";
    und der Bronxer Zoo ist mein Schönbrunn,
    wo der Aff' sich kratzt am After-noon.
    Wenn ich Heimweh hab', bild' ich mir's ein
    und dann fühl' ich mich nicht so allein.

Ich sparte und legte das Geld schön beiseite
und endlich, da fuhr ich auf Urlaub nach Wien.
Doch alles war anders, die Stadt und die Leute,
's war seltsam! New York ging mir nicht aus dem Sinn.
    Ich hab' Heimweh! Und so will ich mein
    g'wohntes Coca-Cola, keinen Wein;
    einen Woolworth, wo Herzmansky ist,
    einen Hudson, wo die Donau fliesst,
    einen "Hector", nicht ein Ringcafé
    und die East Side statt dem Franz Josefs-Kai;
    einen Times Square, keinen Stefansplatz
    und ein Drugstore Counter-Girl als Schatz.
    Westbahnhof? Da g'hört Grand Central hin!
    Liberty anstatt der "Spinnerin"!
    Einen Bronxer Zoo anstatt Schönbrunn,
    wo sich jeder kratzt am Afternoon!
    Ich kann diesen Wandel nicht verstehn.
    Wien, ach warum liessest du mich gehn!

(Aus "Kleinkunst aus Amerika",
Europäischer Verlag, Wien, 1964, S. 43)

Ernst Lothar   DIE NEUEN BÜRGER

Die Hymne ist gesungen,
Der Clerk hat uns geprüft,
Schulglocke hat geklungen,
Bürgerrecht ist verbrieft.

Magister gar, Doktoren,
Lernen das A B C.
Matura ist verloren,
Die Reife wächst aus Weh.

Falschheit, die uns entsündigt,
War unser eigner Brauch.
Was man an uns gesündigt,
War unsre Sünde auch.

Wir alten Schüler scheinen
So unbelehrbar nicht.
Verlernt das schnelle Weinen,
Erlernt das Selbstgericht.

Wir stehen in der Runde.
Der Richter schwört uns ein.
In unsrer letzten Stunde
Werden wir Bürger sein.

(Aus AUSTRO-AMERICAN TRIBUNE, Juni 1944)

Nach fünfjährigem Aufenthalt kann man amerikanischer Bürger
werden, muss aber eine Prüfung ablegen. Lothar wurde zwar
"citizen", ging aber schon 1947 wieder nach Österreich zurück.

Maria Berl-Lee DES AUSWANDERERS RÜCKKEHR

Zwischen zwei Welten
    schwanke ich.
Der silberne Stahlvogel flitzt
blitzend ins Blaue —
hin wo die Linde blüht
im alten Hof
und der Leiermann spielt
das altbekannte Lied
von Leid und Vergessen.

Und ich kann dich nicht vergessen,
altgewohntes Haus,
altvertrauten Kummer,
Kindheitswelt.

Wie vom Feuerengel
vertrieben aus dem Paradies
verliess ich dich,
gehetzt auf wilder Flucht.
Eine neue Heimat fand ich,
wollte nichts mehr von dir wissen.

Warum, warum denn
hab ich mich zurückgewandt,
der Salzsäule in Sodom vergessend?

Hin ist die schwererrungene Ruh.
Ach, Kindheitsleid,
du zerrst an mir wie die Nabelschnur,
zerrst mich zurück
von den Glaspalästen überm Meer
in den alten Kummer.

Und zwischen zwei Welten schwankend
    gibt's kein Zurück.

(Erschienen in LITERATUR UND KRITIK, Nr. 81, Februar 1974)

Guido Zernatto   **HEIMKEHR (Paris 1939)**

Weinet, denn wir werden wiederkehren
Und es wird nicht mehr so sein.
Fremde aus der Fremde gehn wir weise
Und verzichtend immer wieder auf die Reise.
Ach, es wird gewiss nicht mehr so sein.

Weinet, denn wir werden wiederkehren
Und kein Mensch wird mehr so sein,
Dass wir ihm im Schweigen etwas sagen.
Unser Schicksal ist das ewige Fragen
Und das Tragen. Denn es muss getragen sein.

Weinet, denn wir werden wiederkehren
Und wir werden Menschen sein.
Aber zwischen Mensch und Menschen liegen
Welten. Und nicht: Wer wird einmal siegen?
Ist die Frage - Wer wird menschlich sein?

Weinet, denn wir werden wiederkehren,
Jugendwege wiedersehn.
Und dort gehen wieder junge Leute
Wie einst wir. Doch dieses neue Heute -
Fürchte ich - wir werden's nicht verstehn.

Nur das Land, das unverwandelbare,
Wird in Liebe um uns sein,
Wird uns mit geheimen Kräften halten
Und sein ewiges Gesetz wird walten
Und wir werden in der Heimat sein.

Himmelszeichen, Jahreslauf und Erde
Bleiben und sie werden sein.
Heilt das einmal, was in uns zerrissen?
Nur das Herz sagt gegen bess'res Wissen
Ja. Vielleicht wird's wieder ähnlich sein.

(Aus "Die Sonnenuhr", Otto Müller Verlag, Salzburg, 1961, S. 128)

Peter Heller   **WIEN**

Aller lichten Rosenkavaliere Abglanz,
aller Silberschatten Schatten
flüstern immer noch: wir sind vorbei.

Und so quälst du mich
        mit aller Rosenkavaliere Abglanz
und der Silberschatten Schatten
und Kastanienblüten
        und den runden glatten
Kernen
        in den grünen
                stacheligen Schalen,
mit den nie gestillten
        längst verramschten,
                bittersüssen,
                        hohen, leeren,
        in dem leichten sanften Wind
                verbleichten,
        lächelnd wehen
                und pervers verqueren
                        Flirt- und Liebesqualen;

und du schaust mich an
        aus deinen müden braunen
                hellen grauen
                        grünen
                                rot geädert
                                        herbstlich wechselnd
                                wissend
                                        alt und jungen
                                                Frauen-Kinder-Augen
                                                durch den Rauch-
                                                        und Aschenvorhang,

freilich ohne Glauben,
dass dir meine,
dass mir deine
Blicke noch was taugen.

Hab dich damals
ja recht gern verlassen,
ohne Trauer, ohne Phrasen,
ohne dich zu lieben
oder sonderlich zu hassen,
einzig, weil ich,
artfremd wie ich bin,
mich nicht wollt' vergasen lassen.

(Aus "Emigrantenlitaneien, Alphabet, Sprachlehrerlyrik",
Bläschke Verlag, St. Michael, 1978, S. 19)

Friedrich Bergammer   **DER JUNGE MANN
IM CAFE HAWELKA**

Der junge Mann im Café Hawelka,
der zufällig mit mir an einem Tisch sass
in dem überfüllten Lokal,
Frug mich, was meine Ansicht sei
über die jüdische Answanderung
nach den Vereinigten Staaten.
Genauer gefragt: ob Amerika
ebensoviel dabei gewonnen
wie Österreich verloren habe?
Der junge Mann kam auf die Welt,
als meine bereits Manhattan war . . .
Ich schwieg einen Augenblick. Betroffen
antwortete ich sibyllinisch:
Österreich hat auf jeden Fall
mehr an den Auswanderern verloren
als die USA gewinnen konnten . . .
Er verstand ohne nähere Erklärung.

(Aus "Flügelschläge", Bergland Verlag, Wien, 1971, S. 41)

80

Mimi Grossberg   **ISRAELITISCHES BLINDENINSTITUT**
Hohe Warte, Wien, 1957

Steht es auch noch, das grosse stille Haus?
Was ist aus meinen Blinden nur geworden
in all dem Hassen, Flüchten, Brennen, Morden?
Ihrer gedenkend, fahr ich dort hinaus.

Sie pflegten mir "den Blick" vom Dach des Heimes
voll Stolz zu zeigen — deuteten ins Licht —
aus toten Augen strahlten sie Geheimes,
"besahen" mit den Fingern mein Gesicht.

Da unten lag, betörend, sinnberauschend,
die Stadt gebreitet um des Stromes Band,
doch nicht für sie! Und, krampfhaft heiter plauschend,
fuhr ich mir übers Auge mit der Hand.

Noch steht es dort, das grosse stille Haus,
hat überdauert Krieg und Nazihorden,
Ein Polizeiamt wurde nun daraus.
Doch: was ist aus den Blinden bloss geworden?

(Aus "Gedichte und Kleine Prosa", Bergland Verlag, Wien, 1972, S. 59)

Mimi Grossberg **WIEDERSEHEN MIT SALZBURG**

Voll von zwielichteigenem Glücke
lehn ich an der Salzachbrücke —
sie und ich aus einem Stücke.

Silbriggrün verfliesst das Wasser.
Phöbus sinkt, der Farbenprasser.
Nähe wächst, wird schwerer, krasser.

Wo sich Stadt und Himmel einen,
stirbt verdämmernd letztes Scheinen.
Kehle schluckt. Sie möchte weinen.

War doch dies einst Heimatstätte!
Da, mild durch die Stadtsilhouette,
seh ich leuchtend eine Kette

heller Fenster Sieg gewinnen . . .
Gruss und Zeichen! Licht von innen —
Balsam meinen wunden Sinnen.

(Aus "Gedichte und Kleine Prosa",
Bergland Verlag, Wien, 1972, S. 60)

Alfred Schick   **WIEDER IN WIEN**

Ich wandre strassentlang betäubt umher.
Die Strassen blicken tot und leer.
Die Jahre sind mir schon verblichen,
Die Jugend ist mir längst entwichen.

Da steigen auf verheimlichte Gedanken,
Die aus dem Nebel des Vergangnen schwanken.
Und jetzt belebt die Stadt sich mit Gefühl und Farben.
Es schmerzen alte, unsichtbare Narben.

Es ist, als ob die Tore sich beseelten,
In ihrem Dämmer kleine Lichter schwelten,
In deren Schein versunkene Gefährten
Sich traurig lächelnd, fragend zu mir kehrten:

"Bist du jetzt wieder hier, aus fremden Landen,
Zurück bei uns, in alten dunklen Banden?"
Ich konnte kaum die Antwort geben
Und suchte zu den Blumen und dem Parke hinzustreben.

(Aus der Anthologie "Österreichisches aus Amerika", S. 53)

Marianne R. Ultmann   **FAREWELL TO VIENNA**

The memories are stale -
The days are dead.
The past is drowned and shall not come to life.

Its shadows linger ghostly, strange and mute,
With eyes that look and have no light to see,
With hands that reach without the strength to grasp.

Between those lifeless forms (once part of me)
And what I call "Myself"
Broke the abyss.
I cringe from them in awe,
Dreading their sight,
Dreading their threatening closeness,
Never reached.

Then, as I turn away,
A parting sun
Throws a brief ray of pity on their faces -
A valley comes alive, a winding river,
Bidding a fast farewell to the still faster traveler
With a beguiling, deadly wounded call.

Then I bow my head
In grief
To mourn their passing.

(Aus "Staten Island Poetry Society Anthology", Fall 1967)

Karl Farkas   **ABSCHIED VON NEW YORK, 1946.**

Das ist mein letzter Abend in Manhattan,
Die letzte Nacht unter dem Evening-Star . . .
Ich blick hinauf zur lichtgespickten Skyline
Und morgen führt mich eine Schiffahrtei-Line
Ins Land zurück, das mir einst Heimat war.

Ich bin allein, wie immer in Momenten,
Wo mir ein Mensch so dringend nötig wär.
Ich trink ein Abschiedsglas beim Corner-Weinwirt,
Dann sitz ich da und denke nach, was sein wird,
Wenn alles wieder sein wird wie vorher . . .

Die Überfahrt - die Ankunft in Europa -
Ich rücke vor die Uhr und steig' an Land -
Lisboa - avenida Liberdade -
Dann Spaniens nicht so ganz geheure Pfade
Und Reverien am Rivierastrand . . .

La France scheint auf dem Wege zur Genesung
Und Beaujolais ist ein beliebter Wein . . .
Zwar sieht man die noch schwanken Banken wanken,
Das können die dem kranken Franken danken —
Doch ça ira - bald wird es besser sein . . .

Und dann - nach Wien . . . hat man dort wohl begriffen,
Was die "Gesinnung" an dem Volk verbrach?
Hofft man vielleicht - trotzdem die Trümmer rauchen -
Noch immer auf "Mir wer'n kan Richter brauchen",
Obzwar der Richter längst sein Urteil sprach?

Sind Volksgenossen jetzt schon wieder Spezi?
Schreit man schon wieder "Rotfront" oder noch "Siegheil"?
Gebraucht man "Küss die Hand" und "Euer Gnaden" -
Oder mehr Phrasen à la Berchtesgaden
Und war seit jeher für das Gegenteil?

Und dann? Ich such auf meiner Heimfahrt - Reimfahrt
Den weiteren Verlauf zu prophezein
Ich ahne nachgeschichtliche Geschichten,
Konturen, die im Dichten sich verdichten
Und weiss genau - es wird ganz anders sein . . .

Drum hör ich auf, mein Schicksal zu skandieren,
Denn ich erkenne klar das End vom Lied:
Ein Narr ist jeder - (Joe, another bottle!)
Der, ob er Philosoph ist oder Trottel,
In der Vergangenheit die Zukunft sieht . . .

Das ist mein letzter Abend in New York -
Was dann folgt, ist im Nebelgrau verborgen . . .
Drum wend ich nicht nach vorwärts meinen Blick -
Ich kehre lieber um und geh zurück -
Ins Morgen . . .

(Gekürzt aus "Zurück ins Morgen", Paramount, N.Y., 1946
jetzt Thomas Sessler Verlag, Wien)

In Europa schrieb der in Kalifornien lebende

Joseph Fabry   **DER DOPPELREFUGEE**

Ein Refugee doppelter Sorte
bin ich hier on the continent.
Im Deutschen fehlen mir die Worte,
mein Englisch sprech' ich mit Akzent.

Mein Deutsch und Englisch live in wedlock.
Commuting between Sprach' und Sprach',
both languages are sick from jet lag —
die Reime sind dann auch danach.

Als Dichter earn ich Mark und Schilling,
auch Pfund und Dollars freu'n mein Herz.
My feeling reimet sich auf Frühling,
my Lust auf boost, my Schmerz auf hurts.

Hier sitz' ich nun, ein alter Gaul,
am Ort, den ich verliess als Jüngel —
nicht Fisch, nicht Fleisch, not fish nor fowl,
my ignorance is now bilingual.

(Aus AUFBAU, 3. Oktober 1975)

Margarete Kollisch **Wiener Empfang der Anthologie**
OESTERREICHISCHES AUS AMERIKA
(März 1974)

Ein alter Wiener, der das Büchlein las
und der mit Fleiss Vergangenes vergass,
war sehr verwundert, dass wir ungebrochen
noch besser sprachen, als er je gesprochen.

Ein junger Wiener rümpfte seine Nas':
"Es war amol, ist ein verbrauchter Gspass.
Was wissen die von unseren Problemen?
Amerika, sei stad, du kannst di schämen."

Der Alte möchte schrei'n: "Geht's aussi, rrraus!"
Der Junge schickt uns ins Versorgungshaus.
Wir aber denken uns: "Geschamster Diener!
Wir emigrierten sind die bessern Wiener."

"Österreichisches aus Amerika", herausgegeben von Mimi Grossberg, erschien 1973 bei Bergland Verlag, Wien, und enthält Beiträge von austro-amerikanischen Exilautoren.

ANHANG

Franzi Ascher-Nash

Geb. 1910 in Wien, *seit 1938 USA,* lebte in New York. Musikologin. Lyrik, Erzählung, Essay. Autobiographie 1948 "Bilderbuch aus der Fremde." Starb am 1. September 1991 in Lancaster, PA, USA. S. 19, 30

Rose Ausländer

Geboren 1901 in Czernowitz, *von 1946 bis 1966 in USA,* danach in Düsseldorf, wo sie im Nelly Sachs Haus lebte und am 2. Jänner 1988 starb. Hohe literarische Ehrungen; PEN-Mitglied. Gesammelte Werke in 8 Bänden bei S. Fischer, Frankfurt a/Main. S. 59

Naëmah Beer-Hofmann

Tochter Richard Beer-Hofmanns, gebürtige Wienerin, *kam 1938 in die USA,* wo sie 1971 starb. S. 30

Friedrich Bergammer

(eigentlich Glückselig) Geb. 1909 in Wien, kam *1938 in die USA,* starb 1981 in New York. Kunstexperte, bedeutender Lyriker, PEN-Mitglied. Erhielt 1980 den Theodor Körner Preis. 6 Bände Lyrik, und ein Band aphoristische Prosa. S. 14, 32, 33, 47, 60, 73, 80

Maria Berl-Lee

Emigrierte als Kind über Frankreich *nach New York, wo sie seit 1941 lebte.* Gebürtige Wienerin, PEN-Mitglied, schrieb deutsch und englisch. M.A. der Fordham University. Lyrik, Drama, Novelle, Essay. "Schaumwein aus meinem Krug", "Lieder einer Doppelzunge", englische Einakter. Starb am 26. Juni 1984 in New York. S. 11, 67, 68, 77

Fritz Brainin

Geb. 1913 in Wien. *Kam 1938 nach New York,* wo er als Dichter und Übersetzer tätig war und in zwei Sprachen publizierte. Stark beeinflußt durch

Theodor Kramer. Erhielt 1936 den Julius Reich Preis. Lyrik, Erzählung, Hörspiel, Übersetzung. 2 Bände Lyrik, Beiträge in vielen Anthologien und Zeitschriften, Hörspiele für ORF. Starb am 3. Mai 1992 in New York.   S.27, 56, 74

Hermann Broch

Geb. 1886 in Wien. *Emigrierte mit Hilfe von James Joyce 1938 nach USA.* Professuren an Yale und Princeton. Starb 1951 in New Haven, CT; Lyrik, Roman, Essay. Wichtigste Werke seit 1938: "Die Schlafwandler", "Der Versucher", "Der Tod des Vergil".   S. 24

Julius Buchwald

Geb. 1909 in Wien, emigrierte 1938 nach England, *kam 1941 nach New York,* wo er 1970 starb. Bedeutender Schachproblemkomponist, zweimal Weltmeister. Begabter Maler, Komponist und Schriftsteller.   S. 25, 35

Albert Ehrenstein

Geb. 1886 in Wien, *kam via Schweiz 1941 in die USA,* wo er 1950 im Elend starb. Bedeutender Expressionist. Lyriker, Erzähler, Essayist.
                  S. 25

Albert Einstein

Weltberrühmter Physiker. Geb. 1879 in Ulm. 1921 Nobelpreis. *Seit 1933 USA.* Starb 1955 als Professor am Institute for Advanced Studies in Princeton, N.J.   S. 4

Paul Elbogen

Geb. 1894 in Wien, *kam 1940 in die USA.* Lebte in Hollywood, ab 1960 in San Francisco. Roman, Essay. Seit 1938: "Der dunkle Stern", 1960; "Verlassene Frauen", 1961; "Genius im Werden" ("Von Mohamed bis Kafka"), 1963. Paul Elbogen, 92, und seine Frau Mimi, 90, starben am 10. Juni 1987 durch einen selbstverschuldeten Autozusammenstoß mit einem Lastwagen auf einem kanadischen Highway.
                  S. 26, 29

Joseph Fabry	Geb. 1909 in Wien; *seit 1940 Kalifornien.* Vor dem Krieg Redakteur der "Muskete". Schrieb mit Max Knight unter dem Namen Fabrizius Kurzgeschichten, die Komödie "Lisa benimm Dich", sowie Brecht-, Nestroy-, Karl Kraus- und Heine-Übersetzungen. Erster Direktor des Logotherapie-Instituts in Kalifornien. Autor von "Pursuit of Meaning" (in 8 Sprachen übersetzt). "Swing Shift", 1982; "One and One Make Three", 1988. S. 87
Alfred Farau	Geb. 1904 in Wien, überlebte das Konzentrationslager und *kam 1940 via Italien nach New York,* wo er 1972 starb. Dr. phil. der Wiener Universität, Ehrenprofessor, PEN-Mitglied, Vizedekan des New Yorker Alfred Adler Institutes. Lyrik, Drama, Essay. Seit 1938: Gedichtbände 1943 und 1946; "Schatten sind des Lebens Güter", Grillparzerdrama, Bergland Verlag, 1967. Seine Arbeit über den Einfluß der österreichischen Tiefenpsychologie erschien 1953 bei A. Sexl, Wien, und wurde in 5 Sprachen übersetzt. S. 31, 69
Karl Farkas	Geb. 1895 in Wien, *von 1938 bis 1946 in New York,* starb 1971 in Wien. Schauspieler, Kabarettist, Bühnenschriftsteller. Autor von: "Farkas entdeckt Amerika", Gedichte; "Zurück ins Morgen", Gedichte; "Die Wunderbar", Operette. S. 85
Otto Fürth	Geb. 1894 in Strakonitz, Böhmen. *Emigrierte 1941 nach New York,* wo er 1979 starb. Dr. phil., Wien. Lyrik, Drama, Erzählung, Feuilleton. Schrieb 1942 unter dem Pseudonym Owen Elford den Antinaziroman "Men in Black"; 1969 das Schauspiel "Mark Aurel"; 1968 "Die schwarze Geige" (Novellen und Gedichte). S. 20

Alfred Gong	Geb. 1920 in Czernowitz, 1948 bis 1951 in Wien; *kam 1951 nach USA,* wo er 1981 in New York starb. Erhielt 1966 den Theodor Körner Preis; PEN- Mitglied. Lyrik, Erzählung, Essay. 3 Bände Lyrik. "Interview mit Amerika," Anthologie. S. 51, 65
Mimi Grossberg	(geb. Buchwald). Geb. 1905 in Wien. *Emigrierte 1938 nach New York,* wo sie seither lebt. PEN-Mitglied. Goldenes Ehrenzeichen der Republik Österreich (als Schriftstellerin). 3 Bände Lyrik; 3 Anthologien; Katalog zur Exilausstellung; "1938—Geschichte im Gedicht" (3 Auflagen); "The Road to America"; andere literarische Buch- und Zeitschriften- Publikationen. Lyrik, Essay, Erzählung. S. 2, 9, 10, 64, 81, 82
Norbert Grossberg	Geb. 1903 in Wien; *emigrierte 1938 mit seiner Frau Mimi nach New York,* wo er 1970 starb. Reisender in optischen Artikeln, Lyrik. Beiträge in Anthologien und Zeitschriften. 1966 Gedichtband "Die Schaukel", Europäischer Verlag, Wien. Sein für die Aufbaugruppe "Sieh New York First!" geschriebenes Stück "Die Refugeria" wurde im März 1949 zweimal erfolgreich aufgeführt. S. 42
Joseph Hahn	Geb. 1917 in Böhmen. Emigrierte 1939 nach England, *kam 1945 in die USA,* lebt in Middlebury, VT. Sein Leben und Werk als Dichter und Künstler wird in Jürgen Serkes "Böhmische Dörfer," Zsolnay Verlag, behandelt. Lyrik "Gedichte und fünf Zeichnungen," Francke, Bern. Hahns Zeichnungen wurden in internationalen Museen ausgestellt. Sein Zyklus "Die Agonie des Atomzeitalters" wurde zusammen mit Goyas "Greuel des Kriegs" gezeigt. Die Albertina in Wien besitzt 45 Blätter dieses Hauptwerks. S. 59

| Grete Hartwig-Manschinger | Geb. 1899 in Wien. *Kam mit ihrem Gatten,* dem Komponisten Ashley Vernon, für den sie Operntexte schrieb, *1940 nach New York,* wo er 1968 und sie 1971 starb. Schwester der Schriftstellerin Mela Hartwig. Gesangs- und Schauspiellehrerin, schrieb eigene Texte für ihre Shows und in Amerika den Arbeiterroman "Rendezvous in Manhattan". Drama, Lyrik, Roman, Hörspiel, Übersetzung. S. 52, 66, 75 |

| Peter Heller | Geb. 1920 in Wien. *Seit 1944 USA.* Prof. em. der Germanistik und Vergleichenden Literaturwissenschaft, SUNY Buffalo. Lyrik, Essay, Gedichtbände: "Prosa in Versen", Darmstadt, 1974; "Menschentiere", Buffalo, 1975; "Emigrantenlitaneien", St. Michael, 1978. S. 79 |

| Oskar Jellinek | Geb. 1886 in Brünn, *kam 1940 in die USA,* starb 1949 in Los Angeles. Erhielt 1925 den Velhagen- und Clasing-Preis. Lyrik, Erzählung, Novelle, Essay. "Gedichte und kleine Erzählungen", Zsolnay, Wien, 1952. S. 21 |

| Margarete Kollisch | (geb. Moller). Geb. in Wien 1893. *Emigrierte 1939 in die USA,* starb 1979 in New York. Publizierte 2 Bände Lyrik; zuletzt, 1981, erschien posthum "Rückblendung". Alle drei Bergland Verlag und Österreichische Verlagsanstalt, Wien. Erhielt 1969 die York College Poetry Medaille für hervorragende Leistung in fremdsprachiger Literatur. Lyrik, Erzählung, Reportage, Übersetzung. S. 45, 53, 88 |

| Lili Körber | Geb. 1907 in Moskau, Tochter eines Österreichers, lebte von 1919 bis 1938 in Wien, *emigrierte 1941 via Frankreich in die USA,* lebte in New York, wo sie 1982 starb. Schrieb mehrere Romane, darunter "Eine Frau erlebt den |

roten Alltag", 1930, "Eine Jüdin erlebt das neue Deutschland", 1934, "Die Ehe der Ruth Gompertz", 1984. Dr. phil., Wien. Lyrik, Roman.

S. 54, 58

Anna Krommer

Geb. 1924 in Kubin (Slovakei). *Kam 1952 via England und Israel nach den USA.* Lebte in New York, dann in Boston und gegenwärtig in Washington, D.C. Zwei Gedichtbände: "Galiläa" und "Spiegelungen". "Das Rattenhaus", Novelle; alle Europäischer Verlag, Wien. Viele Beiträge in Zeitungen und Zeitschriften. S. 62

Herbert Kuhner

Geb. in Wien 1935, *kam mit seinen Eltern 1938 nach New York,* wo er bis 1963 lebte und studierte. Ging 1963 nach Wien zurück. Drama, Roman, Herausgabe, Übersetzung. "Nixe", Roman, New York, 1968; "Broadfalls & Pratfalls", Gedichte, London, 1976; "Four Plays", New York. Viele Beiträge in Sammelwerken.

S. 19, 57

Lotte Lehmann

Geb. 1890 in Perleberg, Mark Brandenburg, berühmte Sängerin, Mitglied der Wiener Staatsoper von 1914 bis 1938; *emigrierte in die USA;* starb 1976 in Kalifornien. S. 46

Ernst Lothar

Geb. 1890 in Brünn. War Staatsanwalt, dann Theaterdirektor. Dramaturg. *Emigrierte 1938 in die USA,* wo er eine Professur am Colorado College erhielt. 1947 ging er nach Österreich zurück. Viele hohe österreichische Ehrungen. Zahlreiche Romanpublikationen. Autobiographie: "Wunder des Überlebens", Zsolnay Verlag, 1961. Starb 1974 in Wien. S. 39, 76

Josef Luitpold

Geb. in Wien 1886, gestorben in Wien 1966; 1934 CSR; 1940 Frankreich; *1940 bis 1948 USA.* Arbeiterbildner. Zahlreiche Publikationen. "Die

100 Hefte" (78 davon erschienen bei Willard in New York); "Das Josef Luitpold Buch", Wien, 1948; Gesammelte Werke in 7 Bänden "Das Sternbild", 1954. Viele Ehrungen. Lyrik, Erzählung, Drama, Essay, Übersetzung. S. 3, 60

Max Roden

Geb. in Wien 1881, *seit 1940 New York,* wo er 1968 starb. Redakteur. Erhielt das Österreichische Ehrenkreuz für Wissenschaft und Kunst. Lyrik, Drama, Erzählung, Übersetzung. 20 Bände Lyrik.

S. 48

Alfred Schick

Geb. in Wien 1897. *Von 1938 bis zu seinem Tode, 1977, in New York.* Starb auf einer Urlaubsreise in Salzburg, wo seine Asche beigesetzt wurde. Arzt, Clinical Professor der Psychiatrie. Lyrik, literarpsychologische Essays. S. 83

Friedrich Torberg

Geb. 1908 in Wien, *von 1941 bis 1951 in USA,* starb 1979 in Wien. Lyrik, Roman, Kritik, Essay, Übersetzung, Herausgabe. Mitglied des PEN und der Deutschen Akademie für Sprache und Dichtung. Viele hohe Ehrungen. Veröffentlichungen seit 1938: "Mein ist die Rache", 1943; "Hier bin ich, mein Vater", 1948 und 1962; "Die zweite Begegnung", 1950 und 1963; "Lebenslied", Gedichte, 1958; "PPP" (Pamphlete, Parodien, Post-Scripta), 1964; "Das fünfte Rad am Thespiskarren", 1966. Gesammelte Werke, 1964.

S. 16, 72

Marianne R. Ultmann

(geb. Katz) Geb. in Wien 1914. *Seit 1939 USA.* Lebt in Manhattan, früher in Staten Island. Dr. phil., Wien, 1938. Lyrik, Gedichte in der "Staten Island Poetry Society Anthology". Preise in Poetry Contests. S. 84

Gertrude Urzidil	(geb. Thieberger) Geb. 1898 in Jenikau b. Prag. Gattin Johannes Urzidils, Jugendfreundin Kafkas, gehörte zum "Prager Kreis". *Kam 1941 mit ihrem Mann nach New York,* wo sie 1977 starb. PEN-Mitglied. Mitarbeit an vielen Anthologien und Zeitschriften. Lyrik, Essay, Kritik. S. 34
Berthold Viertel	Geb. in Wien 1885. *1928-1937 und 1939-1947 in USA.* Starb 1953 in Wien. Dr. phil., Wien, Dramaturg, Theaterdirektor bei Reinhardt. Lyrik, Drama, Erzählung, Essay, Übersetzung. Studienausgabe in 4 Bänden, ab 1990, Wien. S. 23, 36, 38
Ernst Waldinger	Geb. in Wien 1896. *Kam 1938 nach New York,* wo er 1970 starb. Dr. phil., Wien. Professor an der Skidmore Universität, Saratoga Springs. Lyrik, Essay, Übersetzung. PEN-Mitglied. Viele Ehrungen. Mehrere Gedichtbände, der umfassendste, letzte: "Ich kann mit meinem Menschenbruder sprechen", Bergland Verlag, Wien, 1965. S. 23, 36, 38
Marie Weiss	Geb. in Paris 1884. Jugend und Erziehung in Wien. *Von 1938 bis zu ihrem Tode, 1969, in Seattle, WA.* Lyrik, Erzählung. "Vom Wienerwald zum Mt. Rainier", 1951, hieß einer ihrer Gedichtbände. S. 47, 61
Franz Werfel	Geb. in Prag 1890. *Kam 1940 nach Beverly Hills,* wo er 1945 starb. Viele Ehrungen, zahllose Publikationen. Genannt seien: "Die vierzig Tage des Musa Dagh", 1933; "Das Lied von Bernadette", 1941; "Jacobowsky und der Oberst", 1944. S. 12, 41, 44, 45
Guido Zernatto	Geb. 1903 in Treffen, Kärnten. *Seit 1938 USA,* wo er 1943 starb. 1934 Staatssekretär im Österreichischen Bundeskanzleramt. Minister unter

Schuschnigg. Lyrik, Roman, Erzählung, Essay.
Schrieb 1938: "Die Wahrheit über Österreich"
(Essay). S. 34, 78

Friderike Zweig Geb. 1882 in Wien. *Kam 1940 in die USA.* Starb
1971 in Stamford, Conn. War die erste Gattin
Stefan Zweigs. Mitbegründerin der Stefan Zweig-
Gesellschaft. Seine bedeutendste Biographin:
"Briefwechsel 1912-1942", "Bildbiographie",
"Stefan Zweig, wie ich ihn erlebte". Andere bio-
graphische Werke, Romane, Lyrik, Erzählung,
Übersetzung. Humanistin und Pazifistin. S. 49

Stefan Zweig Geb. 1881 in Wien, Freitod 1942 in Petropolis,
Brasilien. *Verbrachte 1941 einige Monate in den
Vereinigten Staaten,* wo er mit Hilfe Friderikes,
seiner ersten Gattin, Notizen für seine später in
Petropolis vollendete Autobiographie "Die Welt
von Gestern" machte und in New Haven, CT,
seine Studie "Amerigo, die Geschichte eines
historischen Irrtums" schrieb. Lyrik, Erzählung,
Roman, Drama, Essay, Übersetzung. Meist-
übersetzter Autor. S. 50

INHALTSVERZEICHNIS

BEMERKUNGEN DER HERAUSGEBERIN

Seit Jahren sammle ich die Gedichte der in Amerika lebenden österreichischen Exilautoren und veröffentlichte viele in meinen bisher erschienenen Anthologien *Kleinkunst aus Amerika* (Europäischer Verlag, Wien, 1964), *Österreichisches aus Amerika* (Bergland Verlag, Wien, 1973) und *Amerika im austro-amerikanischen Gedicht 1938-1978* (Bergland Verlag, Wien, 1978). Die Auswahl der Gedichte für die vorliegende Anthologie erfolgte nicht nur nach rein künstlerischen Maßstäben – auch sogenannte "Gebrauchslyrik" war hier von Bedeutung. Immerhin bezeugt die Mehrzahl dieser Gedichte, wieviele wertvolle Dichterpersönlichkeiten Österreich 1938 verlor.

Mimi Grossberg

Der Abdruck der in dieser Anthologie enthaltenen Beiträge erfolgte mit Erlaubnis der Autoren, deren Nachlaßverwalter und deren Verleger, denen an dieser Stelle herzlich gedankt sei.

New York, im Juni 1982